100 Dinge

die Sie in **Mecklenburg-Vorpommern** erlebt haben müssen

Sandra Luner und
Steffen Holz

SUTTON FREIZEIT

Inhaltsverzeichnis

Vorwort ... 5
1 Tiger hautnah erleben ... 6
2 Swingolfen mit Blick auf die Ostsee ... 8
3 Erfrischender Badespaß im WONNEMAR Wismar ... 10
4 In Honeckers Schlafwagen übernachten ... 12
5 Mit 100 Sachen über die Ostsee fegen ... 14
6 Zum Doberaner Bikergottesdienst fahren ... 16
7 Nostalgisch Zugfahren mit dem Molli ... 18
8 Im Gespensterwald das Gruseln lernen ... 20
9 Broiler essen in Warnemünde ... 22
10 Durch den Warnemünder Hafen schippern ... 23
11 Die schönsten Segler der Welt auf der Hanse Sail treffen ... 24
12 Mit Menschenaffen auf Du und Du ... 26
13 Europas besten Zoo in Rostock besuchen ... 28
14 Am Warnemünder Leuchtturm ins neue Jahr starten ... 30
15 Erdbeeren und mehr in Karls Erlebnis-Dorf ... 32
16 Astronomische Zeit ablesen ... 34
17 Gummi geben im Kartcenter Rostock ... 36
18 Den größten Weihnachtsmarkt des Nordens besuchen ... 38
19 Im Blütenmeer an der Ostsee stehen ... 39
20 Alte Ostblock-Technik in Aktion erleben ... 40
21 Gar nicht dumm: Eselhof Schlage ... 42
22 Sich in Ahrenshoop inspirieren lassen ... 44
23 Leben wie früher in Klockenhagen ... 46
24 Die „Vögel des Glücks" in Groß Mohrdorf beobachten ... 48
25 Das Gold des Nordens entdecken ... 50
26 Einen trockenen Tauchgang in die Ostsee mitmachen ... 52
27 Die Könige der Lüfte in Aktion bewundern ... 54
28 Tropischer Badespaß an der Ostsee ... 56
29 Nemo, Haie und das beste Stück eines Finnwals ... 58
30 Mit Walen singen und Angies Pinguin treffen ... 60
31 Unmotorisiertes Inselleben auf Hiddensee ... 62
32 Pferde – Feuerwerk – Piraten: Störtebeker Festspiele ... 64
33 Sich wie der König der Insel fühlen ... 66
34 Dampfen, schnaufen, pfeifen auf schmalen Spuren ... 68
35 Mit den Vögeln auf Augenhöhe wandern ... 70
36 Schneeweiße Kreidefelsen auf Rügen bewundern ... 72
37 Am gigantischen Koloss von Prora entlanglaufen ... 74

38 Auf Rügen an einem Tag die Welt umreisen ... 76
39 T-Rex und Triceratops im Dinosaurierland treffen ... 77
40 Die Nordspitze der Insel Rügen erreichen ... 78
41 Im kaiserlichen Postamt in Wolgast wohnen ... 80
42 Auf der größten Minigolfanlage an der Ostsee spielen ... 82
43 Auf Usedom die Tropen genießen ... 84
44 Im Spielzeugmuseum Kind sein ... 85
45 Historisch-Technisches Museum Peenemünde ... 86
46 Auf der längsten Seebrücke Deutschlands wandeln ... 88
47 Karpfen streicheln und Affen besuchen ... 90
48 Durch den schönsten Garten des Landes spazieren ... 92
49 Trabbi-Treffen auf dem Anklamer Flugplatz ... 94
50 Ein Museum der dramatischen Art erleben ... 96
51 Abheben am Ursprung der Luftfahrt ... 98
52 Den letzten Wikinger Mecklenburgs treffen ... 100
53 Abtauchen in der Feldberger Seenlandschaft ... 102
54 Dorsch, Hecht und grüne Gräten – Angeln in MV ... 104
55 Mecklenburger Rippenbraten und Schwedenbecher essen ... 105
56 Wein vom nördlichsten Weinbaugebiet probieren ... 106
57 Über sieben Berge Burg Stargard umrunden ... 108
58 Ausflug ins Mittelalter ... 110
59 Die 1.000-jährigen Eichen in Ivenack besuchen ... 112
60 Auf Schliemanns Spuren in die Antike reisen ... 114
61 Auf Burg Penzlin im Hexenkeller gruseln ... 116
62 Traditionelle Fischerei auf dem Welshof Schliemann ... 117
63 Auf den Spuren der Slawen in Neustrelitz ... 118
64 Unberührte Natur vom Wasser aus erleben ... 120
65 Auf der Wisentinsel urigen Tieren begegnen ... 122
66 Per Draisine durch den Naturpark ... 124
67 Im Arche-Park über biologische Vielfalt staunen ... 126
68 Beim Rennen um den Bergringpokal mitfiebern ... 128
69 Sich Güstrow bei Nacht zeigen lassen ... 129
70 Mit den Wölfen heulen im Wildpark MV ... 130
71 Ursprüngliche Landwirtschaft entdecken ... 132
72 In Waren in die Müritz eintauchen ... 134
73 Den Affen machen im Affenwald Malchow ... 136
74 Rodeln im Grünen ... 138
75 Urlaub für Verliebte auf der Herzinsel im Brückentinsee ... 140
76 Braunbären treffen im Wald ... 142
77 Floßfahren wie Tom Sawyer ... 144

78 Die Rekord-Scheune Deutschlands besuchen 145
79 Indianer auf der Naturbühne in Neu Damerow 146
80 Wanderung mit Biber und Eisvogel 148
81 Mit Kamelen auf Wanderschaft gehen 150
82 Edle Ritter und mutige Kämpfer treffen 152
83 Kunstgenuss „mitten in der Pampa“ 154
84 Wie Bernhard Langer den Schläger schwingen 156
85 In luftiger Höhe neue Wege testen 158
86 Das schönste Schloss des Nordens entdecken 160
87 Übers Land schweben und Aeronaut werden 162
88 Dem Himmel ein Stück näher sein 164
89 Top-Scorer beim Fußballgolf werden 166
90 Barbecue-Party im Donut auf dem Wasser 168
91 Mit dem Fahrrad MV entdecken 170
92 Durchs Biosphärenreservat wandern 171
93 In Platschow Elefanten hautnah erleben 172
94 Cavalier, Held, Drache, Greif und Burg erkunden 174
95 Das Versailles des Nordens entdecken 176
96 Braukunst live erleben 178
97 Im fruchtigen Schwechow edle Wässerchen testen 180
98 Die unfassbare Geschichte der Dorfrepublik Rüterberg 182
99 Auf Brettern mehr als nur nass werden 184
100 MVs schönste Skipisten bügeln 186
Register 188
Impressum 192
Bildnachweis 192

Unser Land macht uns an!

Liebe Mecklenburg-Vorpommern-Fans, liebe Gäste,

wussten Sie, dass in Rostock der Strandkorb erfunden und die erste Fußgängerzone Deutschlands errichtet wurde? Oder dass das Stargarder Land das nördlichste Weinanbaugebiet der Republik ist?

Für uns von Antenne MV ist Mecklenburg-Vorpommern wirklich viel, viel mehr als ein Sendegebiet. Hier sind wir zuhause. Was unsere Heimat ausmacht? Eine ganze Menge! Wir freuen uns, dass Sie Lust haben, einen Teil davon mit uns zu entdecken!

Mecklenburg-Vorpommern ist vor allem für seine intakte Natur bekannt. Wir haben die sauberste Luft in Deutschland, glasklare Seen, tiefe Wälder und endlose Ostseestrände mit schneeweißem Strand. Wir haben Schlösser und Herrenhäuser als Zeugen unserer Vergangenheit, aber auch Hightech-Forschung und schnelles Internet für die Zukunft.

Wir laden Sie ein, unser Land zu entdecken! Wir stellen Ihnen die Hotspots des Landes, aber auch Menschen vor, die abseits der großen Tourismusmagnete mit viel Enthusiasmus und Herzblut Erlebnisorte geschaffen haben, die einzigartig sind. Selbst unsere einheimischen Autoren haben bei der Arbeit an dem Buch Kleinode im Land gefunden, für deren Entdeckung sie selbst dankbar gewesen sind. Und so ist der Reiseführer auch eine Einladung an uns Mecklenburger und Vorpommern, die Gegend zwischen Elbe und Oder neu zu erleben.

Wir leben dort, wo andere Urlaub machen. So wie Sie zum Beispiel! Das freut uns riesig. Schön, dass auch Sie uns besuchen kommen!

Mein Team und ich wünschen Ihnen viel Spaß beim Erkunden unserer vielen Heimat-Highlights. In diesem Buch und natürlich live vor Ort!

Gerrit Kohr
Antenne MV Programmdirektor

1 Tiger hautnah erleben

Wie kommen Tiger an die mecklenburgische Ostseeküste? Ganz einfach: Der renommierte Tierlehrer Dieter Farell träumte davon, das Reisen durch die Welt mit seinen Raubtieren aufzugeben. Er wollte den Tieren viel Platz an einem festen Standort bieten – ohne jedoch auf Training und Publikum zu verzichten. Nach langer Suche fand er im kleinen Ort Dassow, ganz im Nordwesten des Landes, ein geeignetes Gelände und engagierte Fürsprecher.

Heute leben auf dem großzügigen Areal 13 Tiger und fünf Löwen, außerdem Dromedare, Lamas, Ziegen, Ponys, Hunde, ein großer Friesenhengst und noch viele weitere Tiere. Dieter Farell ist inzwischen über 80 Jahre alt – und trainiert täglich mit seinen Raubkatzen vor Publikum. So viel Leidenschaft und auch Achtung vor der Natur der immer gefährlich bleibenden Tiere liegt in den Genen – Tochter und Sohn sind in die Fußstapfen ihres Vaters getreten.

Was Sie im Tigerpark Dassow erleben, gibt es nirgendwo sonst in Deutschland. Die Farells moderieren ihre Raubtierschule und demonstrieren beeindruckend, dass jede Dressur ihren Ursprung in natürlichen Bewegungsabläufen hat. Als Besucher lernen Sie die Tiere, ihre Gewohnheiten und Eigenarten kennen und werden Raubkatzen künftig mit ganz anderen Augen sehen. Auch bei der anschließenden Fütterung, wenn sich die Wildheit der Tiere offenbart, sind Sie hautnah dabei.

Auch wenn der Tigerpark kein Zirkus ist, die Manege gibt es trotzdem, und zwar für Ihre Kinder. Unter fachkundiger Anleitung werden die Kleinen zu Akrobaten, Jongleuren und Zauberern. Bei der anschließenden Vorstellung nach etwa einer Stunde Training werden Sie staunen, was Ihre Lütten gemeinsam mit den Profis dem Publikum präsentieren!

Weitere Höhepunkte sind der Streichelzoo und die vielen Spielgeräte wie Hindernis-Billard, Mooncars, ein Bungee-Trampolin, Hüpfburgen oder der Jungle Loop. Für diesen abwechslungsreichen Ausflug sollten Sie einen ganzen Tag einplanen.

Information: Erlebnis- und Tigerpark Dassow, Gewerbestraße 35–53, 23942 Dassow; Tel.: 038826-88180; www.tigerpark.de

Öffnungszeiten: Ende März–Okt. Hauptsaison und Wochenende 10–18 Uhr. Teilweise kürzere Öffnungszeiten und Sonderveranstaltungen, Kalender auf der Website beachten!

Eintritt: 10 €, Kinder bis 14 Jahre und Senioren 9 €, Familienkarte (2 Erw./2 Kinder) 35 €

Anfahrt: Der Tigerpark Dassow liegt an der B105 zwischen Lübeck und Grevesmühlen. A20, Abfahrt 5 Schönberg, auf der B104 Richtung Schönberg. Hinter Schönberg links Richtung Dassow/B105. Ab Dassow ist der Tigerpark ausgeschildert. Parkplätze sind kostenlos.

2 Swingolfen mit Blick auf die Ostsee

Von wegen, in Mecklenburg passiert alles 100 Jahre später! Swingolf ist zumindest in Deutschland eine sehr junge Sportart, die schnell den Weg an die Ostsee gefunden hat. An der Steilküste Boltenhagens spielen Sie in Seeluft mit bezauberndem Blick auf die Ostsee. Swingolf ist eng mit dem Golf verwandt – und trotzdem ganz anders. Probieren Sie es aus!

Es geht darum, einen Ball mit möglichst wenigen Schlägen in ein Loch zu befördern. Unterschiede zum klassischen Golf: Sie können mit Jeans und Sportschuhen kommen, Sie benutzen einen einzigen Universalschläger in der für Sie passenden Länge, es gibt nur einen einheitlichen Ball, der größer und weicher ist als ein Golfball, und die Bahnen sind mit 70 bis knapp 270 Meter erheblich kürzer. Insgesamt ist es wie Golf – nur unkomplizierter und etwas rustikaler.

Bevor es auf die 13 Hektar große Spielwiese geht, üben Sie sich an der Seite eines Swingolf-Guides etwas ein, bis der richtige Swing sitzt. Dann kann es losgehen: 18 Bahnen haben Sie vor sich, jeder macht seinen ersten Schlag, danach ist immer der dran, dessen Ball noch am weitesten vom Ziel entfernt liegt. Jeder Schlag wird notiert, wobei Sie die Regeln für Strafpunkte je nach Ehrgeiz großzügig auslegen dürfen. Rund zehn Schläge pro Bahn sind für Anfänger in Ordnung, und nicht selten zischt der mit Inbrunst und Konzentration geführte Schläger auch Zentimeter am Ball vorbei – für alle Mitspieler ein erheiternder Anblick, bis sie selbst den Schläger in der Hand halten.

Einmalig auf dieser Anlage ist der Blick über das sanft hügelige Grün des Geländes, über die im Mai gelb leuchtenden Rapsfelder bis zur tiefblauen Ostsee. Ohne es tatsächlich zu merken, legen Sie beim Swingolf in Boltenhagen mehrere Kilometer zurück, entdecken ganz neue Muskelgruppen im Oberkörper, haben garantiert riesigen Spaß und am Ende des Tages vielleicht eine neue Leidenschaft entdeckt.

Die Kleinsten kommen beim Swingolf auch nicht zu kurz: Spielplatz, Erlebniswald und hinterher für alle ein nach Omas Rezepten gebackenes Stück Kuchen oder Torte im „Café Großklützhöved" runden den Tag ab.

Information: Swingolf Boltenhagen, Ausbau 16, 23946 Redewisch; Tel.: 038825-26320; www.swingolf-boltenhagen.de
Öffnungszeiten: Apr.–Okt. Sommerferien und Wochenende ab 10 Uhr, sonst ab 11 Uhr
Eintritt: 11 €, Jugendliche bis 15 Jahre 7,50 €, Schüler und Azubis 8,50 €; Gruppenrabatte möglich; Ballpfand 1 €

Anfahrt: A20, Abfahrt Grevesmühlen, von dort Richtung Boltenhagen. In Boltenhagen am Kreisverkehr zweite Ausfahrt Richtung Redewisch. Nächste Gabelung rechts nach Redewisch-Ausbau. Alternative: Von Boltenhagen mit der Bäderbahn Carolinchen, die direkt am Golfplatz hält.

3 Erfrischender Badespaß im WONNEMAR Wismar

Unter Palmen liegen, Eis essen, zwischendurch ins kühle Nass und zum Relaxen noch eine Massage – bei uns an der Ostsee kein Problem! In Wismar gibt es Badespaß der Extraklasse – auch bei Strandwetter ein echter Fun-Tipp.

Berühmt ist das WONNEMAR für seine sensationellen Rutschen und das großzügige Raumangebot. Selbst wenn es mal voll ist – durch eine geschickte Architektur findet hier jeder sein Plätzchen in der Sauna, auf der Sonnenbank, im Strömungskanal oder im Wellenbad. Einfach nur Schwimmen geht auch – drinnen und draußen, bei jedem Wetter.

Der Rutschenturm ist schon von außen gut sichtbar. Ob lieber etwas gemächlich für die Kleinen, rasant auf dem Reifen oder gar in der dunklen „Black Hole", jeder hat eine (oder mehrere) Lieblingsstrecke(n). Nebenan gibt es regelmäßig Brandungsfeeling: Bis zu einem Meter hoch türmen sich die Wellen auf, bis sie im sanft ansteigenden Auslauf brechen. Genauso viel Spaß macht der Strömungskanal im Außenbecken.

Antenne MV TIPP

Vom Hotelzimmer mit dem Lift ins Wasser – direkt am WONNEMAR befindet sich ein nagelneues Hotel. Sie ziehen sich in aller Ruhe im Hotelzimmer um, werfen den Bademantel über und haben direkten Zugang ins Bad.

Für Kinder stehen im Wonni-Land eine kleinere Rutsche, Springbrunnen, Wasserkanone und Wasserfall bereit, und auch die Allerkleinsten kommen nicht zu kurz: Hier ist das Wasser 32 Grad warm, die Sitzflächen sind beheizt, Kindertoiletten und Wickeltisch in unmittelbarer Nähe, aber sehr diskret angeordnet.

Whirlpools, Palmengarten, Tischtennisplatten, Liegebereiche, Sauna und Spa-Angebote machen den Familientag im und am Wasser perfekt. Und wer wirklich reinen Sport treiben möchte: Das Schwimmerbecken verfügt über fünf Startblöcke mit Bahnen à 25 Meter.

Information: WONNEMAR Wismar, Bürgermeister-Haupt-Straße 38, 23966 Wismar; Tel.: 03841-327623; www.wonnemar.de/wismar
Öffnungszeiten: tägl. 10–21 Uhr

Eintritt: ab 10,90 €, Kinder 5 bis 15 Jahre ab 9,50 €, Kinder bis 4 Jahre frei
Anfahrt: A20, Abfahrt 8 Wismar Mitte, B208 Richtung Wismar. Nach 3 km links abbiegen (ausgeschildert), dann noch 1 km.

4 In Honeckers Schlafwagen übernachten

Wer hätte das nicht gern, mal reisen wie die Staatsoberhäupter, ruhig, exklusiv, mit besonderer Ausstattung und speziellem Service? Oder zumindest mal schauen, wie die Herrschenden früher gereist sind. Das geht im historischen Bahnhof von Gadebusch. Hier steht er, der Reichsbahn-Schlafwagen von Ex-DDR-Staats- und Parteichef Erich Honecker.

Früher reisten in dem exklusiven Waggon aus dem Regierungszug der DDR Politikgrößen und Spitzensportler zu Konferenzen und olympischen Spielen. Nach aufwendiger Restaurierung durch den Gadebuscher Unternehmer Holger Hempel steht der Waggon aus dem Jahr 1968 nun in originalgetreuer Farbgebung und Ausstattung auf einem speziellen Gleis und verfügt über sechs Doppel-Schlafabteile, WC und eine Gemeinschaftsdusche.

Wie es sich im Schlafwagen gehört, wird in Doppelstockbetten übernachtet, mit Blick auf den Schrank in Sprelacart-Optik. Doch heute müssen Sie nicht mehr prominent oder Regierungsmitglied sein, um hier zu übernachten. Mit ein paar Mausklicks über die Webseite des Besitzers buchen Sie sich Ihr Schlafabteil in geschichtsträchtiger Umgebung.

Stichwort Geschichte. Ein paar Meter neben dem Honecker-Schlafwagen findet man den historischen Bahnhof Gadebusch, gebaut für die Eröffnung der Eisenbahnstrecke Schwerin–Rehna 1897. Als die Strecke nicht mehr befahren wurde, verfiel das wunderschöne Bahnhofsgebäude zusehends. Dank der Initiative von Holger Hempel wurde der Bahnhof saniert und zum modernen Restaurant mit dem Flair des historischen Bahnhofs umgebaut. So besteht der Tresen im Gastraum aus der Front einer Dampflok. Die sieht nicht nur original aus, sondern dampft und pfeift genauso wie ihre eisernen Vorfahren aus dem letzten Jahrhundert. Das kleine Restaurant bietet Platz für 34 Gäste. Im Sommer können Sie auf der großen Sonnenterrasse mit Blick auf den Gadebuscher Burgsee Kaffee oder leckere Gerichte der bodenständigen mecklenburgischen Küche genießen. Inzwischen ist der Gadebuscher Bahnhof auch für Promis ein beliebtes Ziel. So gastierten hier bereits die Puhdys, Silly oder der Liedermacher Hans-Eckardt Wenzel.

Information: Restaurant „Station Burgsee", Bahnhof 1, 19205 Gadebusch; Tel.: 03886-2116566; www.station-burgsee.de
Anfahrt: Von Hamburg/Lübeck aus über die A20 Richtung Rostock; Abfahrt Schönberg, B104 Richtung Schwerin/Rehna bis Gadebusch. Dort auf die B208 Richtung Mühlen Eichsen, dann den Hinweisschildern zum Bahnhof folgen. Von der A20 aus Richtung Rostock, Abfahrt Grevesmühlen, Richtung Mühlen Eichsen und von da auf die B208 Richtung Gadebusch. Aus Schwerin fahren Sie direkt über die B104 bis nach Gadebusch.

5 Mit 100 Sachen über die Ostsee fegen

Ja, Sie dürfen leichtes Herzklopfen haben, wenn es in Kühlungsborn zum Anleger geht. Dort liegt der Ostseejumper: Ein martialisch anmutendes, dunkles Speedboot, mit dem Sie mehr über die Ostsee fliegen als fahren. Ein Erlebnis, das Ihnen pures Adrenalin in die Adern pumpt – so schnell waren Sie noch nie auf dem Wasser unterwegs!

Zwei 300 PS starke Motoren treiben den Ostseejumper an, das Geschoss macht 60 Knoten. Das entspricht einer Geschwindigkeit von gut 110 Kilometern pro Stunde. Boote dieser Art werden normalerweise beim Militär, bei Sondereinheiten der Polizei oder auch bei Dreharbeiten für Actionfilme eingesetzt. Dieses Boot ist allerdings kein ausgemustertes Militärboot und auch kein Kino-Requisit. Michael Joppeck, Geschäftsführer von Ostseejumper, hat es extra für heiße Fahrten auf See anfertigen lassen. 9,5 Meter lang, zehn Sitzplätze. Der Tank fasst unglaubliche 1.200 Liter Kraftstoff, die Motoren verbrauchen unter Last knapp 100 Liter pro Stunde.

Gut ausgerüstet mit winddichtem Anzug und der obligatorischen Schwimmweste geht es an Bord. Nehmen Sie Platz auf den Jockeysitzen, die mehr einem sportlichen Sattel als einem gemütlichen Sessel ähneln und vorsichtig auf das einstimmen, was kommt. Fender einholen und los: Erst gemächlich aus dem Yachthafen raus – dann aber ist deutlich zu spüren, wie viel Power in den Motoren steckt! Je schneller das Boot wird, desto mehr „fliegt" es, eine kleine Welle wird quasi zur Sprungschanze. Das Boot fährt nicht nur schnell, sondern auch enge Kurven und Kreise auf engstem Raum.

Bei allen Manövern steht Sicherheit allerdings an erster Stelle. Spaß muss es machen, aber den Respekt vor der Kraft der Motoren und des Wassers verliert ein erfahrener Bootsführer nie. Sie werden vielleicht etwas nass, Sie sind vielleicht etwas durchgeschüttelt, Sie haben hinterher eine einmalige Fönfrisur made by nature. Und Sie sind um ein unvergessliches Erlebnis reicher!

Information: Ostseejumper, Hafenstraße 6, 18225 Kühlungsborn; Tel.: 0172-3219079; www.ostseejumper.de

Öffnungszeiten: ganzjährig nach Absprache

Preise: Je nach Dauer, z.B. 15 min. 30 €, 30 min 55 €

Anfahrt: A20, Abfahrt 12 Kröpelin. Richtung Kröpelin und von dort weiter Richtung Kühlungsborn. Der Hafen ist ausgeschildert.

6 Zum Doberaner Bikergottesdienst fahren

Schwere Maschinen, blitzendes Chrom, starke Enduros und gepflegte Oldtimer, Teenager auf ihren 125ern und vollbärtige Kuttenträger – das alles an einem der schönsten Kirchenbauten Norddeutschlands, dem Doberaner Münster. Traditionell am Muttertag treffen sich hier Motorradfahrer zum Doberaner Bikergottesdienst.

In keiner anderen Ordenskirche Europas ist über die Jahrhunderte so viel hochgotische Ausstattung erhalten geblieben wie hier. Der Bau der Zisterzienserklosterkirche begann im 13. Jahrhundert. In der wechselvollen Geschichte drohte der Kirche zwischenzeitlich sogar der Abbau: Nach der Reformation und der Auflösung des Klosters 1552 hätte man sie beinahe Stein für Stein abgetragen. Doch das wurde verhindert – und so befindet sich in Bad Doberan heute einer der wichtigsten Bauten entlang der Europäischen Route der Backsteingotik und gleichzeitig der jährliche Treffpunkt für tausende Motorradfahrer und -freunde aus dem Norden.

Der Bikergottesdienst hat inzwischen zwei Jahrzehnte Tradition und ist weit über die Landesgrenzen hinaus bekannt. Schon Stunden vor dem Gottesdienst nehmen die Motorengeräusche rund um Bad Doberan hörbar zu. An vier Sammelpunkten treffen sich die Biker zur Sternfahrt Richtung Münster. Von dort startet am Vormittag eine gemeinsame Ausfahrt. Die Kolonne aus Leder und Chrom ist je nach Wetter bis zu 20 Kilometer lang, was jedes Jahr tausende Schaulustige an die fast 60 Kilometer lange Strecke lockt.

Der Höhepunkt ist der Gottesdienst mit Pastor Albrecht Jax, unterstützt vom Doberaner Bikerclub unter seinem Präsidenten Herbert Baor. Bis auf den letzten Platz ist das Münster gefüllt und dank Antenne MV kann der Gottesdienst auch über die Beschallung auf dem Außengelände verfolgt werden. Zum Ausklang gibt es Livemusik für alle, ob auf zwei oder vier Rädern angereist. Das Münster ist aber auch ohne Bikergottesdienst einen Besuch wert. Empfehlenswert sind die fast täglich stattfindenden Führungen. Für Kinder gibt es am Wochenende exklusive Angebote – ihnen wird das Münster von Kindern gezeigt und erklärt.

Information: Doberaner Münster, Klosterstraße 2, 18209 Bad Doberan; Tel.: 038203-62716; www.muenster-doberan.de
Öffnungszeiten: tägl. außer Karfreitag und Heiligabend. An Sonn- und Feiertagen beginnt um 9.30 Uhr ein evangelischer Gottesdienst, Besichtigung dann erst ab ca. 11 Uhr. Sommersaison bis 18 Uhr, Nebensaison bis 17 Uhr, Winter bis 16 Uhr.

Eintritt: Führungen ab 4 €, Kinder 1,50 €. Um den Erhalt und die Restaurierung zu unterstützen, wird auch ohne Führung ein Besichtigungsentgelt von 3 € pro Person ab 17 Jahre erhoben, das bei Teilnahme an einer Führung aber entfällt.
Anfahrt: A20, Abfahrt 13 Bad Doberan, auf der Landstraße Richtung Bad Doberan. In der Stadt rechts auf die B105 abbiegen. Das Münster ist auf der linken Seite.

7 Nostalgisch Zugfahren mit dem Molli

Hier erleben Sie Bahnfahren mit schnaufender Dampflok, historischen Waggons und einem Tempo, das fast schon Blumenpflücken während der Fahrt zulässt. Dabei genießen Sie die wunderbare Landschaft zwischen dem ältesten deutschen Seebad Heiligendamm und dem lang gezogenen Kühlungsborn an der Ostsee.

Es ist der Traumberuf kleiner Jungen, doch Lokführer leisten Knochenarbeit. Kohle schaufeln, Wasser tanken, den Druck prüfen. Davon merken Sie als Fahrgast auf der 15,43 Kilometer langen Strecke nichts, fahren in kleinen Waggons mit Tempo 40 durch die schöne Küstenlandschaft und mit viel Lokomotivdampf direkt durch die Doberaner Innenstadt.

Auf der entschleunigten Fahrt kommen Sie an der ältesten Galopprennbahn Deutschlands vorbei und halten am mondänen Seebad Heiligendamm. Dessen Grandhotel war 2008 schon Filmkulisse und beim G7-Gipfel 2008 Residenz unter anderem für US-Präsident George W. Bush und Bundeskanzlerin Angela Merkel. Wer nicht nur mit dem Molli fahren, sondern auch mal selbst seinen Traum vom Lokführer leben möchte, kann eine Lokmitfahrt oder ein Dampflok-Erlebniswochenende buchen.

Der Molli ist weit mehr als eine Schmalspurbahn. Er bietet jede Menge Entertainment: Eine Fahrt mit inszeniertem Raubüberfall, eine Werkstattfahrt oder ein Ausflug mit Schatzsuche im Wald gehören zu den Extras, die die kleine Bahn zu einem großen Erlebnis machen. Und sogar heiraten kann man in und an der Bäderbahn.

Der Name Molli basiert übrigens auf einem Missverständnis. Vor über hundert Jahren wollte eine Dame mit ihrem Mops Molli in der gerade eingeweihten Bäderbahn von Doberan nach Heiligendamm fahren. Der Hund wollte absolut nicht einsteigen und riss schließlich aus, als der Zug anfuhr. Die Dame rief: „Molli, bleib stehn!" Angesprochen fühlte sich nicht der Hund, sondern der Lokführer. Mit Ächzen und Knirschen blieb der gerade angefahrene Zug wieder stehen. Seitdem heißt die Bäderbahn wie der Mops: Molli.

Information: Mecklenburgische Bäderbahn Molli GmbH, Am Bahnhof 3–4, 18209 Bad Doberan; Tel.: 038293-431331; reservierung@molli-bahn.de; www.molli-bahn.de

Preise: Einzelfahrkarte ab 5,50 €, Einzelfahrkarte Familie (2 Erwachsene und bis zu 3 Kinder bis 14 Jahre): 13,50 €, Kinder unter 6 Jahren frei. Weitere Ticketinfos unter www.molli-bahn.de

Anfahrt: Auto: A20 Abfahrt Bad Doberan oder Kröpelin, Richtung Bad Doberan. Molli-Bahnhof liegt sehr zentral. Bahn: Bahnstrecke Rostock–Wismar (Stundentakt) mit direkter Umsteigemöglichkeit in den Molli am Bahnhof Bad Doberan.

8 Im Gespensterwald das Gruseln lernen

An einigen Stellen ragen abgestorbene Baumstämme wie Knochen aus dem kahlen Boden. Verdrehte Äste, gewachsen wie Korkenzieher, scheinen nach irgendetwas greifen zu wollen. Im Hintergrund ist Meeresrauschen zu hören – diese einmalige Kulisse findet sich an der Ostseeküste zwischen Warnemünde und Heiligendamm im Gespensterwald Nienhagen.

Ihr bizarres Aussehen verdanken die Bäume dem beständigen Einfluss der salzhaltigen, feuchten Luft und des Seewindes. Vor allem die Baumkronen wachsen vom Wind weg – sie werden deshalb Windflüchter genannt. Ein Phänomen, das sich auch bei den auf dem Darß wachsenden Kiefern beeindruckend zeigt.

Der Gespensterwald heißt eigentlich Nienhäger Holz. Er besteht zum größten Teil aus Buchen und einigen Eichen. An seinem nördlichen Rand grenzt er an eine bis zu zwölf Meter hohe Steilküste. Mehrere kleine Pfade führen hinunter zum Strand, sodass ein erfrischendes Bad je nach Jahreszeit möglich ist.

Vom Parkplatz am Westrand der Gemeinde Nienhagen geht es zunächst auf einem Plattenweg oder alternativ auf einem schmalen Waldweg Richtung Steilküste. Man nähert sich dabei hörbar dem Meer! An der Steilküste rechts halten. Eindrucksvoll ist der Weg oben entlang, wo der Gespensterwald vor allem bei fahlem Licht seinem Namen alle Ehre macht. Möglich ist aber auch der Spaziergang direkt am Strand. Nach etwa anderthalb Kilometern geht es rechts in die Strandstraße zurück Richtung Landstraße. Dort wiederum rechts halten, um zum Ausgangspunkt (Parkplatz) zurückzukommen.

Der Rundwanderweg durch den Gespensterwald Nienhagen ist etwa fünf Kilometer lang und in knapp zwei Stunden zu bewältigen. Die Wege sind so angelegt, dass auch Kinderwagen oder Karre problemlos durchkommen. Wer auf romantische Lichteffekte setzt, muss sich einen Frühjahrs- oder Herbsttag mit leichtem Nebel aussuchen. Am frühen Morgen oder in der Abenddämmerung ist der Gespensterwald besonders sehenswert. Fotoapparat nicht vergessen! Verliebte finden hier eine unglaubliche Kulisse für zauberhafte Bilder.

Information: Gespensterwald Nienhagen, 18211 Nienhagen
Eintritt: kein Eintritt, aber Parkgebühr. Der Parkplatz am westlichen Ortsrand von Nienhagen ist gut ausgeschildert.

Anfahrt: A20, Abfahrt 14 Rostock-West, auf der B103 Richtung Warnemünde. Dort links abbiegen Richtung Elmenhorst und Nienhagen. Variante: A20, Abfahrt 13 Bad Doberan, von dort noch rund acht Kilometer bis Nienhagen.

9 Broiler essen in Warnemünde

Halbes Hähnchen vom Grill – das gibt es überall. Die Broiler in Warnemünde gehören in eine andere Liga: Fans sagen, sie sind die besten der Welt. Wer sich überzeugen will, muss zu Stoßzeiten etwas Zeit mitbringen – denn voll ist es eigentlich immer. Nach dem Essen werden Sie das verstehen ...

Die „Grillstube Broiler" befindet sich im bekannten „Hotel Neptun". Was sie so legendär macht? Seit über 40 Jahren gibt es hier Broiler, und die Zeit scheint stehengeblieben zu sein. Im Stil der 1970er-Jahre mit dunklen Fliesen und rustikalen Möbeln – hier fühlt man sich wie auf einer Zeitreise. Zum Glück gilt das auch für den eigentlichen Zweck des Besuchs – den Broiler und die seit Jahrzehnten unveränderte Rezeptur.

Die Würzmischung ist natürlich geheim. Salz, Paprika und Pfeffer, so viel wird verraten, aber alles andere bleibt ebenso wie die Rezepte für die verschiedenen Dips unter Verschluss. Goldbraun und kross gegrillt, kommen die Broiler mit frisch zubereiteten Pommes umgehend vom Grill auf den Teller. Puszta-Sauce und Curry-Mayonnaise dazu, etwas Krautsalat, und dem Gaumenschmaus steht nichts mehr im Wege.

Zugegeben, die Qualität und der Kult haben ihren Preis. Man darf eben nicht vergessen, wo man is(s)t: In einem absoluten Kult-Grill in einem der bekanntesten Ferienorte an der Ostsee mit sensationellem Blick auf das Wasser und direkt am Strand.

Information: „Grillstube Broiler", Seestraße 19, 18119 Warnemünde; Tel.: 0381-7770; www.hotel-neptun.de/grillstube-broiler
Öffnungszeiten: tägl. 11.30–22 Uhr, Sa, So ab 11 Uhr. Tischreservierungen sind nicht möglich, es gibt bei Bedarf aber gemütliche Wartebereiche.

Anfahrt: A20, Abfahrt 14 Rostock-West, dann auf die B103 bis Warnemünde. In Warnemünde links abbiegen auf die Fritz-Reuter-Straße. Oder A19, Richtung Seehafen bis zum Ende, weiter auf der B105. Durch den Warnowtunnel (mautpflichtig) bis zur B103. Dort rechts Richtung Warnemünde. Tipp: Parkhaus nutzen.

Durch den Warnemünder Hafen schippern

10

Am Alten Strom von Warnemünde sind sie nicht zu überhören: die Männer, die mit ihren Schiffsglocken zu Hafenrundfahrten einladen. Für welches Schiff Sie sich entscheiden, hängt von Ihren Interessen ab.

Manche Schiffe bieten eine Mischung aus Minikreuzfahrt auf der Ostsee, Fahrten durch den Hafen, oder sie schippern als Linienschiff von Warnemünde nach Rostock. Die Perspektive vom Wasser auf Rostock und Warnemünde ist etwas ganz Besonderes. Schon bei der Ausfahrt aus dem Alten Strom in Richtung Meer sehen Sie auf der Mittelmole die vier Meter große, schlanke Frauenfigur aus Bronze. Die Plastik der Esperanza begrüßt ankommende Schiffe und Seefahrer. Ein Stück weiter haben Sie den unverstellten Blick auf die Wahrzeichen von Warnemünde, den 1898 gebauten, 36,9 Meter hohen Leuchtturm und den runden Teepott mit dem geschwungenen Dach, der 1968 gebaut wurde und auf einen 1928 entstandenen Teepavillon gleichen Namens zurückgeht.

Daneben sehen Sie den breitesten schneeweißen Strand der Ostsee, tolle Villen und jede Menge Schiffe im Hafen. Die großen grauen Schiffe der Marine vom Stützpunkt Hohe Düne, Schiffe, die auf den Werften gewartet oder zusammengeschweißt werden, Frachter, die Holz laden, oder die dicken Kreuzfahrtliner mit der Passagierkapazität einer mecklenburgischen Kleinstadt. Und wenn vermeintlich gerade nichts Spannendes zu sehen ist, gibt es unter Deck Kaffee, Kuchen, Bockwurst und Bier. Erlebenswert ist eine Hafenrundfahrt zu jeder Jahreszeit.

Information: Alle wichtigen Infos zu Buchungen, Preisen und den Hafenrundfahrt-Reedereien auf www.fahrgastschifffahrt-rostock-warnemuende.de

Anfahrt: Nach Warnemünde geht es am schnellsten mit der S-Bahn (Linien S1 und S2) vom Rostocker Hauptbahnhof. Sie pendeln regelmäßig und schnell zwischen Stadt und Strand. Vom S-Bahnhof Warnemünde sind es wenige Schritte bis zu den Schiffen, die vom Alten Strom mit den Hafenrundfahrten starten.

11 Die schönsten Segler der Welt auf der Hanse Sail treffen

Wenn Mecklenburg-Vorpommerns Ministerpräsident am Donnerstagnachmittag zusammen mit dem Rostocker Oberbürgermeister am Hafen die große Schiffsglocke läutet, kann es losgehen. Über eine Million Menschen und rund 200 Schiffe kommen jedes Jahr am zweiten Augustwochenende zum größten maritimen Fest des Landes, zur Hanse Sail, nach Rostock.

Vor lauter Segelschiffen im Stadthafen kann man die Warnow kaum noch sehen, der Sound von Schiffshörnern mischt sich mit Shantyklängen von der Hanse Sail Bühne und dem Duft von Rostocker Rauchwurst und Mutzen. Die Hanse Sail gilt als das weltweit größte Treffen von Traditionsseglern und ist ein unvergessliches Erlebnis, vor allem wenn man auf einem der vielen großen, zum Teil mehr als hundert Jahre alten Segelschiffe zu einem Törn auf die Ostsee ausläuft. Viele der großen Segler mit zwei oder drei Masten bieten diese Ausfahrten an, um damit die oft immensen Kosten für die Unterhaltung und Pflege der Schiffe auszugleichen.

Wie ein typischer Tag auf der Hanse Sail am Ufer des Stadthafens aussieht? Anreise am besten mit öffentlichen Verkehrsmitteln, denn Parkplätze sind rar. Dann mit den Kindern die verschiedenen Fahrgeschäfte am Speicher ausprobieren und anschließend auf der Händlermeile nach schönen Andenken oder Handwerkskunst schauen. Bei Hunger haben Sie die Qual der Wahl, denn auch kulinarisch ist die Hanse Sail weltoffen und international aufgestellt: von Erbseneintopf über Saté-Spieße bis hin zur Rostocker Rauchwurst. Anschließend geht es entweder zum Schiffe gucken und Fotos schießen an die Kaikante oder nach Warnemünde, wo die großen Windjammer neben modernen Kreuzfahrtschiffen liegen. Im Stadthafen geben sich auf verschiedenen Bühnen Stars und Sternchen ein Stelldichein. Am Sonnabend steht abends zudem ein großes Feuerwerk auf dem Programm. Danach geht die Party in vielen Bars und Kneipen weiter. Rostock versteht es zu feiern, das beweist die Hanse Sail jedes Jahr aufs Neue.

Information: Tourismuszentrale Rostock & Warnemünde, Büro Hanse Sail Rostock, Warnowufer 65, 18057 Rostock; Übernachtung oder Segeltörn möglichst früh auf www.hansesail.com buchen.

Öffnungszeiten: Do vor dem zweiten Augustwochenende bis So.

Anfahrt: Öffentliche Verkehrsmittel von vielen P+R-Parkplätzen in und um Rostock.

12 Mit Menschenaffen auf Du und Du

Mit dem DARWINEUM verfügt der Rostocker Zoo über eine einzigartige Anlage für Menschenaffen. Das DARWINEUM ist aber viel mehr: Es zeigt anschaulich, spannend und im wahrsten Sinne des Wortes begreifbar die Entstehung des Lebens auf der Erde und die Entwicklung der Arten.

Beim Betreten schauen Sie wie durch das große Fenster eines Raumschiffs hinaus ins Universum und werden Zeuge des Urknalls. Die Ouvertüre der Evolutionstheorie beginnt. Über die sich anschließende Rotunde geht es in der Evolution Schritt für Schritt weiter. Anschaulich mit Plastiken, Filmen, Bildtafeln und Fossilien erläutert, wandeln Sie durch die Urzeit. Diese in Europa einzigartige Wissenswelt verbindet Abenteuer, Umweltbildung und Wissenschaft auf 20.000 Quadratmetern in einem lebendigen Museum.

Sie finden Ihre persönlichen Highlights – ob es der Quallenkreis mit den gepunkteten Wurzelmundquallen ist oder das Herzstück des DARWINEUMS, die Tropenhalle. Schnell haben Sie sich an die schwülwarme Atmosphäre gewöhnt und stehen mitten im Urwald. Die hier lebenden Orang-Utans, Gorillas, Meerkatzen, die winzigen Zwergseidenäffchen und die wendigen Gibbons teilen sich die Anlage, die ohne Zäune und Gitter auskommt. Auf geschickt angelegten Pfaden haben Sie beste Sicht auf die imposanten Silberrücken und die sanften „Waldmenschen", was die Übersetzung für Orang-Utan ist. Das kleine Orang-Utan-Mädchen Surya wurde hier 2013 geboren – der erste Menschenaffen-Nachwuchs im DARWINEUM.

Den Affen steht neben der Tropenhalle ein 10.000 Quadratmeter großes Außengehege zur Verfügung. Auch hier kann man den Tieren sehr nahe kommen. Zwei Aussichtsplattformen befinden sich mittendrin. Danach werden Sie selbst aktiv: in der Ausstellung zur kulturellen Evolution. Gezeigt wird, wie der Mensch in seiner Entwicklung voranschritt, verschiedene Fähigkeiten erlangte und komplexes Verhalten zeigte. In unterschiedlichen Experimenten kann das jeder selbst testen, ein großer Spaß für die ganze Familie, der mitunter sogar Wettbewerbscharakter bekommt.

Information: Zoo Rostock, Barnstorfer Ring 1, 18059 Rostock; Tel.: 0381-20820; www.zoo-rostock.de
Öffnungszeiten: März–Apr., Sep.–Okt. 9–17 Uhr, Mai–Aug. 9–18 Uhr, Nov.–Feb. 9–16 Uhr
Eintritt (inklusive Zoo): 16 €, Kinder (4 bis 16 Jahre) 9,50 €, Familienkarte klein (1 Erwachsener und bis zu 2 Kinder) 24,50 €, Familienkarte groß (2 Erwachsene und bis zu 3 Kinder) 49,00 €
Anfahrt: A20, Abfahrt Rostock-West Richtung Zentrum/Warnemünde, danach der Beschilderung zum Zoo Rostock/ DARWINEUM folgen.

13 Europas besten Zoo in Rostock besuchen

Der Rostocker Zoo ist nicht nur der größte an der deutschen Ostseeküste, sondern auch der beste in Europa: Diesen Titel bekam er 2015 in der Kategorie der Zoos mit bis zu einer Million Besucher jährlich. Eine von mehreren Auszeichnungen, die der Zoo in den letzten Jahren für seinen Artenschutz, seine Zoopädagogik, die Tierhaltung und die vielen positiven Besucherbewertungen bekommen hat.

4.500 Tiere, 320 verschiedene Arten, leben in den naturnahen Anlagen. Ob Krokodil-Haus oder Streichelgehege, die nordische Tierwelt mit Elch und Polarfuchs oder die Großkatzenanlage – die Tiere haben viel Platz auf dem Gelände mit Park- und Waldcharakter. Viele Tiere sind „hautnah" zu erleben, weil Brücken oder Tunnel sozusagen in die Gehege führen wie etwa bei den Fischottern. Der Titel „bester Zoo Europas" verpflichtet natürlich, und so wird der Zoo beständig ausgebaut und modernisiert. Auf dem ehemaligen Gelände des Elefantenhauses (hier lebte bis 2013 Europas älteste afrikanische Elefantenkuh „Sara", sie wurde stolze 51 Jahre alt) entstand in den letzten Jahren eine Anlage für zwei äußert knuddelige Gesellen: „Onong" und „Nimba", die beiden Zwergflusspferde. Jüngstes Projekt ist das POLARIUM, das unter anderem Eisbären und Pinguinen ein zeitgemäßes Zuhause geben wird. Apropos Eisbären: Der Rostocker Zoo ist auch die Heimat von Eisbär „Lars", dem Vater des berühmten Berliner Eisbären „Knut" und des in Rostock geborenen „Fiete". Beide leben inzwischen in anderen Zoos und sind wichtiger Bestandteil des internationalen Art-Erhaltungs-Programms.

Bei den kleinen Zoobesuchern hoch im Kurs stehen neben den Tieren die Themenwege „Wasser" und „Magie". Lassen Sie die Kinder experimentieren: mit Strömung und Staudämmen zum Beispiel. Familien verbringen hier locker einen ganzen Tag in entspannter Atmosphäre. Die großzügige Anlage verfügt über viele schattige Wege, sodass ein Besuch auch im Hochsommer problemlos möglich ist. Besucher loben das sehr freundliche Personal, auch Hunde sind willkommen – wenn sie auch nicht in alle Bereiche hineindürfen.

Information: Zoo Rostock, Barnstorfer Ring 1, 18959 Rostock; Tel.: 0381-20820; www.zoo-rostock.de
Öffnungszeiten: Kasse tägl. ab 9 Uhr, Mai–Aug. bis 18 Uhr, März/April und Sept./Okt. bis 17 Uhr, Nov.–Feb. bis 16 Uhr. Tierhäuser und DARWINEUM schließen eine Stunde nach Kassenschluss.
Eintritt: 16 €, Kinder bis 16 Jahre 9,50 €, Schüler ab 17, Studenten, Azubis und Schwerbehinderte 13 €. Verschiedene Familienkarten erhältlich, auch für Singles mit Kindern.
Anfahrt: A20, Abfahrt Rostock-West Richtung Zentrum/Warnemünde. Zoo und DARWINEUM sind von dort sehr gut ausgeschildert. Parkplätze gegen Gebühr direkt am Zoo-Eingang. Ausweichparkplätze im Groß-Schwasser-Weg am Westfriedhof.

14 Am Warnemünder Leuchtturm ins neue Jahr starten

Jedes Jahr am 1. Januar kommen zehntausende Besucher an den Warnemünder Leuchtturm, um ein Spektakel zu erleben, das genau 23 Minuten dauert. Nicht mehr und nicht weniger. Erstmals zu den Milleniumsfeierlichkeiten veranstaltet, gehört die Inszenierung zu den Events, die man erlebt haben muss.

Anfangs waren es rund Tausend, doch heute kommen zu der Multimediashow bis zu 90.000 Besucher und lassen sich überraschen, was sich die Hanseatische Eventagentur Neues ausgedacht hat. Denn jedes Jahr steht das lichtintensive Spektakel unter einem bestimmten Motto, das mit Livemusik, Audiokommentaren und den dazu passenden Licht-, Laser- und Pyroeffekten umgesetzt wird.

Damit Ihnen beim Anschauen der Show der Bass in den Magen geht und die Lichteffekte Gänsehaut hervorrufen, müssen Kabel für 64.000 Watt Lautsprecherleistung verlegt, 120 Scheinwerfer installiert, hunderte Pyroeffekte aufgebaut und die starken Laser programmiert werden. Dazu kommen Nebelmaschinen, Projektoren und ca. 2.500 Meter Starkstromkabel.

Inzwischen kommen die Besucher gezielt wegen der Show am Leuchtturm nach Warnemünde, das ohnehin gut zu Silvester gebucht ist. Aber durch das Event am Neujahrstag bleiben die Gäste gern noch ein, zwei Tage länger. Wer schlau ist, kommt schon am Nachmittag an den Leuchtturm und lässt sich bei interessanten Talks und Musik auf die Show einstimmen, die immer um 18 Uhr beginnt. Außerdem können Sie sich so einen guten Platz vor der Bühne sichern.

Antenne MV TIPP

Rechtzeitig und vor allem ohne Auto anreisen! Mit S-Bahn und Sonderbussen gelangt man ohne Stress von Rostock zum Bahnhof nach Warnemünde. Am Alten Strom entlang geht es zu Fuß zum Veranstaltungsgelände am Alten Warnemünder Leuchtturm. Die beste Sicht hat man von der Promenade oder vom Strand, wo man nicht so gedrängt steht und gute Fotos machen kann. Stativ nicht vergessen!

Information:
www.hanseatische-events.de
Anfahrt: A20, Abfahrt Rostock-Süd zum P+R Parkplatz am Bahnhof und dann mit den Öffentlichen weiter in Richtung Warnemünde.

Wer Neujahr ganz früh (vor 12 Uhr) über die A20, Abfahrt Rostock-Süd nach Warnemünde anreist, kann mit ein bisschen Glück einen der begehrten Parkplätze in Warnemünde ergattern.

15 Erdbeeren und mehr in Karls Erlebnis-Dorf

Salzige Ostseeluft macht Erdbeeren süßer. Das glauben Sie nicht? Dann überzeugen Sie sich in Karls Erlebnis-Dorf in Rövershagen bei Rostock und an seinen anderen Standorten in Koserow auf Usedom und Zirkow auf Rügen. Kilometerlange Erdbeerfelder sind das Markenzeichen dieses einzigartigen Dorfes, das weit mehr zu bieten hat als die roten Früchtchen.

Wenn einer weiß, wie die rote Nuss schmecken muss, dann sind das die Experten in Karls Erlebnis-Dorf. Moment mal, die Nuss? Richtig gelesen, denn biologisch korrekt ist die Erdbeere eine Nuss – allerdings ohne Fett.

Seit nunmehr fast 100 Jahren baut das Familienunternehmen die Leckereien schon an – und das überaus erfolgreich. „Karls" wollte aber immer mehr sein als nur eine große Erdbeerplantage, und so kamen dem Betreiber, der Familie Dahl, in der fast 25-jährigen Geschichte des Erlebnisdorfs in Rövershagen immer wieder neue Ideen, die umgesetzt wurden. Aus dem Erdbeerhof wurde ein ganzes Erlebnisdorf. Herzstück sind sicher die vielen kleinen Manufakturen, in denen Sie mitmachen oder zuschauen können, wenn Bonbons, Schokolade, Kaffee, Seife, Wurst, Eis, Brot oder Marmelade traditionell hergestellt werden. Stadtkinder und auch Landeier von heute können zudem sehen, wie kleinere Haustiere artgerecht gehalten werden.

Die Scheunen mit ihren vielen praktischen und leckeren Produkten erinnern an den früheren Landhandel auf dem Dorf. Für Groß und Klein gibt es vielfältige Erlebnisse, etwa das Maislabyrinth, die Feld- und Traktorbahn, die Karlossos-Rutsche, die schon weltberühmte Eiszeit mit ihren atemberaubenden Eisskulpturen und die Unterwasserwelt von Fietes Schuppen-Schuppen. Hinzu kommen die vielen saisonalen Veranstaltungen. So darf sich im Grusel-Oktober ein bisschen gefürchtet werden, im Dezember bekommt das Dorf sein behaglich-weihnachtliches Flair und im Frühjahr um die Osterfeiertage sind die Hasen los. Bauernmärkte gibt es viele, Erlebnisparks erst recht. „Karls" aber ist die gelungene Symbiose aus beidem, gewürzt mit frischen Ideen und umhüllt vom Duft der Millionen Erdbeeren auf den Feldern gleich nebenan.

Information: Karls Erlebnis-Dorf, Purkshof 2, 18182 Rövershagen; Tel.: 038202-4050; post@karls.de; www.karls.de

Öffnungszeiten: tägl. 8–19 Uhr

Eintritt: frei, einige Attraktionen sind kostenpflichtig. Tipp: Tageskarte für alles.

Anfahrt: Auto: Rövershagen liegt direkt an der B105 östlich von Rostock. Bus: Linie 118 Rostock–Graal-Müritz, Haltestelle Karls Erlebnis-Dorf.

16 Astronomische Zeit ablesen

Eine der ältesten astronomischen und noch funktionierenden Uhren steht in Rostock. In der Marienkirche verrichtet die elf Meter hohe Uhr ihren Dienst, und das seit 1472. Allein die quadratische Uhrscheibe hat eine Fläche von etwa 16 Quadratmetern. Abzulesen sind darauf in einem faszinierenden Zusammenspiel von Laufwerken nicht nur Uhrzeit und Datum, sondern auch das Tierkreiszeichen, der Stand der Sonne, die Mondphase und vieles mehr.

Das technische Wunderwerk hat Schwestern in Straßburg, Danzig und Lund. Aber nur die Rostocker Uhr funktioniert bis heute mit ihrem mittelalterlichen Laufwerk. Anders als heutige Uhren ist die astronomische Uhr eine „ganze" Uhr – auf dem Ziffernblatt finden sich nicht zwölf Stundeneinteilungen, sondern 24. Dafür hat sie nur einen Zeiger – für die Stunde. Mit etwas Übung ist die Uhrzeit auch inklusive der Minuten ablesbar.

Jeden Tag zur gleichen Zeit wird die Uhr mit ihren fünf Laufwerken von ehrenamtlichen Mitarbeitern aufgezogen und wieder in Gang gesetzt. Das ist unter anderem Voraussetzung dafür, dass pünktlich zu jeder vollen Stunde das Glockenspiel ertönt. Mittags um zwölf ist der Apostelumgang zu sehen – von der Uhr gesteuert erscheinen die Apostel und lassen sich segnen.

Die Marienkirche hat aber noch mehr zu bieten. 1232 erstmals urkundlich erwähnt, hat sie eine wechselvolle Geschichte hinter sich. Verschiedene Bau- und Kunststile, aber auch historische Ereignisse fanden in Um- und Anbauten, Ausstattung, Malereien und auch Zerstörungen ihren Niederschlag.

Vor fast 600 Jahren wurde in der Kirche die Rostocker Universität gegründet, und bis heute findet hier zu Semesterbeginn der Gottesdienst für die neuen Studenten statt. Zu Wendezeiten im Herbst 1989 versammelten sich viele Rostocker in der Kirche zu Friedensgebeten. Viele Andachten hielt Bundespräsident a.D. Joachim Gauck. Er war damals Pastor im Stadtteil Evershagen.

Information: Marienkirche Rostock, Bei der Marienkirche 2, 18055 Rostock; Tel.: 0381-453325; www.marienkirche-rostock.de

Öffnungszeiten: Okt.–Apr. Mo–Sa 10–16 Uhr, So und Feiertage 11.15–12.15 Uhr; Mai–Sept. Mo–Sa 10–18 Uhr, So und Feiertage 11.15–17 Uhr

Eintritt: kostenlos. Führungen zwischen 2,50 € und 5 €

Anfahrt: A20 oder A19 nach Rostock. Die Marienkirche befindet sich in der Innenstadt. Dort finden sie verschiedene kostenpflichtige Parkmöglichkeiten. Für Führungen durch Gewölbe und Turm beachten: Es gibt keinen Fahrstuhl.

17 Gummi geben im Kartcenter Rostock

Hier geht es nicht um die Poleposition beim Grand Prix. Im Kartcenter Rostock steht der Spaß an erster Stelle, Spaß vor allem beim Gas geben, ohne auf den Tacho zu achten.

Im Kartcenter in Rostock Schmarl kann dieser Traum gelebt werden. Schon wenn man die ehemalige Lagerhalle betritt, kommt Rennsportgefühl auf. Es riecht ein bisschen nach Öl, Gummi und Treibstoff und man hat sofort das Gefühl, dass es hier rasant zur Sache geht. Auf 6.000 Quadratmetern Hallenfläche schlängeln sich 450 Meter Rennstrecke mit mehreren 180-Grad-Kurven. Die Bahn hat als einzige in Mecklenburg-Vorpommern die Zulassung vom Deutschen Motorsportbund, Rennen bis zur Deutschen Meisterschaft auszufahren. Wenn Sie hier Ihre Runden drehen, befinden Sie sich also auf einer echten Profianlage für Kartsportler. Mindestens neun Jahre alt und 1,38 Meter groß muss man sein, damit Kartbahncenter-Chef Eiko Weiß sein „Go" gibt. Nach einer Einweisung kann es losgehen. Gut, wenn man feste Turnschuhe trägt, ansonsten bestehen bei der Kleidung keine Auflagen. Nur den Helm sollte jeder Kartfahrer zu seinem persönlichen Schutz aufsetzen.

14 Karts können in der Halle gleichzeitig fahren. Kartfahren ist anstrengender, als man denkt. Die Fliehkräfte, die in den Kurven wirken, können am Tag nach dem Rennen einen kräftigen Muskelkater in Armen, Hals oder Schulter erzeugen. Deshalb empfiehlt der Betreiber, zum Anfang dreimal zehn Minuten zu fahren und sich dann bei späteren Besuchen zu steigern. Apropos steigern: Wie schnell Sie unterwegs sind, können Sie auf großen Displays ablesen. Wenn Sie gern Kart fahren und dabei Gutes tun wollen, besuchen Sie doch Anfang November die Veranstaltung „Benefiz-Race for Kids". Hier können Firmen und Privatleute im sportlichen Rennen gegeneinander antreten und spenden dabei die anfallenden Renngebühren für benachteiligte Kinder der Hansestadt.

Information: Kartcenter Rostock, Industriestraße 10, 18069 Rostock; Tel. 0381-1217777; www.kartcenter-rostock.de
Öffnungszeiten: Di–Fr ab 15 Uhr; Sa, So ab 13 Uhr (in den Ferien tägl. ab 13 Uhr, auch montags)
Eintritt: 10 Minuten fahren 10 €, Kinder 7 €

Anfahrt: A20, Abfahrt Rostock-West auf die B103 Richtung Warnemünde, an der Abfahrt zum IGA-Park Richtung Warnowtunnel/Hansemesse; hinter der Hansemesse auf den Schmarler Damm abbiegen Richtung Schmarl. Nach ein paar hundert Metern in die Industriestraße abbiegen. Kostenlose Parkmöglichkeiten direkt vor der Karthalle.

18 Den größten Weihnachtsmarkt des Nordens besuchen

An der Küste kommt der Weihnachtsmann – klar, mit dem Schiff. Mit einem traditionellen Segler steuert er Ende November den Rostocker Stadthafen an. Den Weg in die Innenstadt legt er jedes Jahr mit einem anderen Transportmittel zurück, mal auf dem Pferd, mal mit der Feuerwehr, aber immer auf sehr spektakuläre Art und Weise.

Mit rund 250 Ausstellern aus Deutschland und angrenzenden Ländern ist der Rostocker Weihnachtsmarkt der größte im Norden. Er hat sogar einen Eintrag im Guinness-Buch der Rekorde: Hier steht – weithin sichtbar – die weltweit größte begehbare Weihnachtspyramide. Rekordverdächtig sind auch die rund eine Million Glühlämpchen, die die ganze Altstadt in festliches Licht tauchen, sowie die insgesamt rund drei Kilometer lange Bummelmeile vom Neuen Markt bis zur Fischerbastion.

Zu den Höhepunkten gehören die Weihnachtsmannsprechstunde auf der Märchenschlossbühne (Mo–Fr), das musikalische Weihnachtsmärchen und natürlich das Weihnachtssingen der Rostocker Chöre. Vor allem mit Kindern dürfen Sie den Auftritt der Märchentante nicht verpassen – ohne sie wäre der Rostocker Weihnachtsmarkt einfach nicht komplett.

Zwischen gebrannten Mandeln, Lebkuchen, Glühwein und herzhaften Leckereien lockt der Weihnachtsrummel mit atemberaubenden Fahrgeschäften, Losbuden, Geisterbahn oder Autoscooter. Auch das gehört zu den Besonderheiten des Rostocker Weihnachtsmarktes: Er ist nicht nur unglaublich schön, er bietet für jeden vorweihnachtlichen Geschmack genau das Richtige.

Öffnungszeiten: Jeweils gut vier Wochen vor Weihnachten. Weihnachtsmarkt Mo–Do 10–20 Uhr, Fr, Sa 10–21 Uhr, So 11–20 Uhr. Historischer Weihnachtsmarkt meist etwas länger geöffnet.

Anfahrt: A20 und A19. Beschilderung zum Rostocker Zentrum folgen. In der Innenstadt gibt es eine Reihe von Parkhäusern. Trotzdem ist es gerade zur Weihnachtszeit empfehlenswert, Busse und Bahnen zu nutzen.

Im Blütenmeer an der Ostsee stehen

19

Größer als vier Fußballfelder ist der Rhododendronpark im Ostseeheilbad Graal-Müritz. Er ist der größte in Mecklenburg-Vorpommern. Die Parkgestaltung ist über die Jahrzehnte quasi in Familienhand geblieben. Der Clou: Nirgendwo sonst stehen Sie mitten im Blütenmeer und hören das Ostseerauschen.

Die beste Zeit für einen Besuch im Rhododendronpark ist Mai/Juni – dann stehen die weit über 2.000 Pflanzen in voller Blüte. Ein Farbenmeer, das seinesgleichen sucht. Einige Stauden sind an die sechs Meter hoch, unzählige Arten sind harmonisch zusammengestellt – eine Augenweide!

Dabei war das Gelände unmittelbar am Ostseestrand früher mal eine langweilige Sandgrube. Der Rostocker Gartenbauarchitekt Friedrich-Karl Evert schlug der Gemeinde 1955 eine Rhododendronanlage vor. Nur sechs Jahre dauerte der Aufbau des eindrucksvollen Parks, der gut 20 Jahre später zum Gartendenkmal erklärt wurde.

Ab 2005 ging es an die Sanierung, der Park bekam unter der Leitung von Dierk Evert, dem Sohn des Parkbegründers, eine aufwendige Schönheitskur. Inzwischen steht hier auch ein Konzertpavillon, der für Musik, Lesungen und Ausstellungen genutzt wird. Zu den jährlichen Höhepunkten in Graal-Müritz gehört im Mai das Rhododendronparkfest mit der Wahl der Rhododendronkönigin.

Information: Rhododendronpark Graal-Müritz, Parkstraße, 18181 Graal-Müritz; www.graal-mueritz.de/rhododendronpark
Eintritt: frei

Anfahrt: A19, Abfahrt 6 Rostock-Ost, B105 Richtung Ribnitz-Damgarten. Ab Rövershagen der Bäderstraße bis Graal-Müritz folgen.

20 Alte Ostblock-Technik in Aktion erleben

Wer das Technikmuseum in Pütnitz besuchen will, muss wissen, dass es kein normales Museum ist. Hier gibt es keine schicke Empfangshalle, dafür riesige Flugzeughallen mit beeindruckender Dachkonstruktion, voll mit Technik aus dem ehemaligen Ostblock. Autos, Mopeds, Kettenfahrzeuge und sogar einen Hubschrauber, der vorgeführt wird, kann man sich ansehen.

Wenn man das riesige Gelände betritt, atmet man die wechselvolle Geschichte des Areals ein. Von den 1930er-Jahren bis 1945 wurden dort Seeflieger ausgebildet, nach dem Krieg war es eine Boddenwerft, danach stationierten die sowjetischen Militärs hier den Stab der 16. Gardejagdfliegerdivision. Nach dem Abzug der Sowjetarmee verfiel das Gelände zusehends. Seit 2001 kümmert sich der Technikverein Pütnitz um Hallen, Gelände und vor allem um historische Fahrzeuge und Technik des ehemaligen Ostblocks.

In drei denkmalgeschützten ehemaligen Flugzeughallen hat der Verein inzwischen 750 verschiedene Fahrzeuge gesammelt und ausgestellt. Vom Simson Moped bis zur Tschaika findet man hier fast jedes gängige Fahrzeug des ehemaligen Ostblocks, dazu militärische Fahrzeuge, Lkw und Panzer. Auf extra angelegten Geländebahnen demonstriert ein Instrukteur die großen Kettenfahrzeuge. So können Sie physikalische Gesetzmäßigkeiten als Passagier aus einer ganz anderen Perspektive erleben. Einen Geländewagen vom Typ Lada Niva, einen riesigen russischen Lkw sowie einen Gelenk-Omnibus dürfen Sie unter Anleitung sogar selbst fahren. Ein unvergessliches Erlebnis, das sonst nirgendwo in Deutschland möglich ist.

Antenne MV TIPP

Noch mehr Technik und Technikbegeisterte erleben Sie beim jährlich im Sommer stattfindenden Ostblock-Fahrzeugtreffen. Dann kommen Menschen aus ganz Europa mit ihren privaten Oldtimern, egal ob Autos, Lkw oder Flugzeug, nach Pütnitz. Alle weiteren Events finden Sie auf der Website des Technikmuseums.

Information: Technikmuseum Pütnitz, Flugplatzallee, 18311 Ribnitz-Damgarten/ OT Pütnitz;
Tel.: 0170-2235850;
www.technikmuseum-puetnitz.de
Öffnungszeiten: variabel, vor einem Besuch auf der Website nachsehen.

Eintritt: 6 €, Kinder 7 bis 16 Jahre 3 €. Für Fahrten mit den historischen Fahrzeugen bitte vorher telefonisch anmelden.
Anfahrt: B105. Östlich von Ribnitz-Damgarten Richtung Saal abbiegen. Nach 2,5 km links abbiegen in die Flugplatzallee, dann immer geradeaus.

21 Gar nicht dumm: Eselhof Schlage

Nicht weit von Rostock entfernt, gleich neben Dummerstorf, ist auf dem Gelände einer alten Obstplantage mit dem Eselhof Schlage ein lohnenswertes Ziel für Umweltbildung, Freizeit und Erholung entstanden. Betreiber ist der Eselhof Schlage e.V., dessen Mitglieder neben der Arbeit auch viel Herzblut in den Hof gesteckt haben.

Durch eine kleine, eher unscheinbare Pforte betreten Sie das insgesamt mehr als drei Hektar große Gelände – und stehen im Garten. Auffällig sind die vielen Obstbäume, die im Spätsommer umgehend Appetit auslösen. Über fünfzig alte Sorten, vorwiegend Äpfel, werden hier gepflegt.

Die Kinder hält es aber nicht lange am Eingangsbereich. Viele Tiere haben auf dem Hof ihr Zuhause. Neben sage und schreibe 14 Eseln sind Schafe, Ziegen, Enten, Gänse, Hühner, Hasen und Meerschweinchen ebenso anzutreffen wie Vögel und verschmuste Katzen. Das Zusammensein mit Tieren ist immer ein besonderes Erlebnis. Auf dem sehr abwechslungsreich gestalteten Gelände gibt es Spielplätze, Flächen zum Toben, regengeschützte Plätze und unzählige geheimnisvolle Versteckmöglichkeiten.

Der Eselhof Schlage ist wegen seiner familiären Atmosphäre ein gefragter Ort für Familienfeiern aller Art. Immer wieder sind Kita-Gruppen zu Gast, und auch Ferienlager finden hier statt. Die Unterkünfte sind nach unterschiedlichen Themen eingerichtet: Es gibt Piraten-, Astronauten- oder auch das Spiderman-Zimmer.

30.000 Gäste besuchen den Eselhof jährlich, davon mehr als 13.000 Kinder. Viele Besucher übernachten, genießen die reichhaltigen Buffets und bei Spiel und Spaß und jedem Wetter die Freiheit in der Natur. Es ist ein bisschen wie früher, wenn Familien es sich mit Decken und vollen Picknickkörben unter alten Obstbäumen gemütlich machten und die Kinder abends schwärmten, was für ein schöner Tag das war.

Information: Eselhof Schlage e.V., Am Obstgarten 1a, 18196 Schlage; Tel.: 038208-60180; www.eselhof-schlage.de
Öffnungszeiten: Ende März–Ende Okt. tägl. 10–18 Uhr, außerdem Sonderveranstaltungen
Eintritt: 5 €, Kinder (3 bis 12 Jahre) 3 €, Kinder bis 3 Jahre 1 €
Anfahrt: A19, Abfahrt 10 Kavelstorf (von dort noch 10 km) Richtung Dummerstorf bis zur B103. Rechts abbiegen Richtung Laage, nächste Kreuzung links Richtung Pankelow. Hinter Pankelow geradeaus weiter, der Eselhof ist auf der rechten Seite. Oder: A20, Abfahrt 17 Dummerstorf (von dort noch 3,5 km), B103 Richtung Laage, nach ca. 1,5 km links Richtung Pankelow, auf der Straße bleiben, der Eselhof ist auf der rechten Seite.

22 Sich in Ahrenshoop inspirieren lassen

Dass die Ostsee und die für Vorpommerns Küste typischen Boddengewässer eine ganz besondere Wirkung auf den Geist haben, haben schon vor über hundert Jahren zahlreiche Künstler entdeckt. Ende des 19. Jahrhunderts zog es einige Maler raus in die Natur. Das Fischerdorf Ahrenshoop entwickelte sich zur Künstlerkolonie und ist es bis heute geblieben.

Die „Idylle zum Malen" faszinierte die Menschen damals wie heute. Ahrenshoop ist noch immer vor allem ein Ort der Kunst: Kaum irgendwo sonst finden Sie so viele Galerien pro Einwohner. Aber nicht nur Maler und Zeichner, auch Bildhauer, Schriftsteller, Musiker, Designer oder Fotografen präsentieren hier ihre Werke. Auf der Halbinsel Fischland-Darß-Zingst gelegen, hat sich Ahrenshoop zu einem absoluten Highlight an der Ostseeküste entwickelt. Der Ort ist sowohl für Kunst- als auch für Naturliebhaber etwas ganz Besonderes. Sie werden feststellen, dass die Lichtverhältnisse durch die nahe Ostsee im Nordwesten und den Bodden im Südosten einmalig sind. Die reizvolle Landschaft mit Steilufer und flachem Sandstrand, mit windschiefen Bäumen und alten Bauernkaten hat sich ihren Charme bewahrt.

An einem Gebäude kommen Sie in Ahrenshoop nicht vorbei. Es sticht vor allem durch seine Bauweise hervor: das 2013 eröffnete Kunstmuseum. Nachempfunden ist es den traditionellen Reetdachhäusern. Es besteht aus fünf solchen Häusern, zwischen denen ein Flachdach gespannt ist, das alles zu einem großen Gebäudekomplex verbindet. Erst aus direkter Nähe erkennen Sie die Metalltafeln, die das traditionelle Rohrdach symbolisieren. Die Dächer haben keinen First: Er ist durch ein einzigartiges Oberlicht ersetzt. Integrierte Prismen sorgen dafür, dass Tageslicht hereinfällt und im Raum kein Schatten wahrgenommen wird. Ein mehrfach preisgekröntes Lichtkonzept.

Wenn Sie außen schon gestaunt haben, seien Sie gespannt auf das Innere. Das private Museum verfügt über mehr als 800 Werke aus 125 Jahren Künstlerkolonie. Das Museum bietet neben Führungen auch Workshops für alle Altersgruppen, aktuelle Infos dazu auf der Website.

Information: Kunstmuseum Ahrenshoop, Weg zum Hohen Ufer 36, 18347 Ostseebad Ahrenshoop; Tel.: 038220-66790; www.kunstmuseum-ahrenshoop.de

Öffnungszeiten: Apr.–Okt. tägl. 11–18 Uhr, Nov.–März 10–17 Uhr, Montag geschlossen

Eintritt: 8 €, Studenten 4 €, Schüler 3 €, Kinder unter 6 Jahren frei; Familienkarte 18 €

Anfahrt: Die Halbinsel Fischland-Darß-Zingst liegt nördlich der B105 zwischen Ribnitz-Damgarten und Stralsund. Vor allem im Sommer ist der Bus ab Bahnhof Ribnitz Richtung Barth eine gute Alternative zum Auto.

23 Leben wie früher in Klockenhagen

Kaffeetassen, Kugelschreiber oder Kronkorken: Sammeln kann man ja so einiges. In Klockenhagen werden seit 1970 Bauernhäuser gesammelt, die an ihren ursprünglichen Standorten fachgerecht ab- und dort wieder aufgebaut wurden. Das Ergebnis heute ist ein lebendiges Dorf, das einen beeindruckenden Einblick in das Leben von früher bietet.

Rund 20 Gebäude stehen auf dem fünf Hektar großen Gelände, das älteste stammt aus der Zeit des Dreißigjährigen Krieges. Vom Bauernhaus über Fachwerkdorfkirche, Bockwindmühle und Backofen bis hin zum Trockenklo reicht das Ensemble. Und das alte Dorf lebt! Die Museumskirche wird tatsächlich für Gottesdienste genutzt, im Dorfladen kaufen Sie ein, Sie riechen den Kräutergarten und kosten im Museumsrestaurant traditionelle Küche. Typische Handwerke und Hausarbeiten können Sie beobachten und sich auch selbst darin versuchen: Brot backen, spinnen, filzen, schmieden oder Holz mit urtümlichen Werkzeugen bearbeiten. Einzigartig ist auch die Frisierstube aus den 1930er-Jahren – diesen Friseurbesuch vergessen Sie nie!

Lebendig wird das Museum zudem durch landestypische, alte Haustierrassen wie das Rauwollige Pommersche Landschaf, Pommernenten, Mecklenburgische Kaltblutpferde oder Sattelschweine. Während der Ferienzeit gibt es viele verschiedene Veranstaltungen, etwa die Diesel- und Dampftage, das Tonnenfest oder Termine zum Thema Ernte. Übrigens: Sie können das Museum auch per historischer Kutsche erkunden – einfach spätestens einen Tag vorher anmelden, dann stehen die Pferde für Sie bereit.

Antenne MV TIPP

Ganz in der Nähe des Freilichtmuseums finden Sie das Deutsche Bernsteinmuseum in Ribnitz-Damgarten (S. 50) und das Kunstmuseum Ahrenshoop (S. 44). Hierfür sind jeweils Kombikarten erhältlich, mit denen der Eintritt günstiger wird.

Information: Freilichtmuseum Klockenhagen, Mecklenburger Straße 57, 18311 Ribnitz-Damgarten; Tel.: 03821-2775; www.freilichtmuseum-klockenhagen.de

Öffnungszeiten: Ende März–Okt., Hauptsaison 10–18 Uhr, sonst 10–17 Uhr

Eintritt: 6–8 €, Kinder (7 bis 16 Jahre) 3 €, Familienkarte 18 €

Anfahrt: Das Freilichtmuseum liegt ca. 10 km westlich von Ribnitz-Damgarten. A19, Abfahrt Rostock-Ost (6), B105, Richtung Stralsund. Nach knapp 20 km links abbiegen Richtung Dierhagen, nach 2 km an der Kreuzung links.

24 Die „Vögel des Glücks“ in Groß Mohrdorf beobachten

Ihre Balztänze sind weltberühmt, ihre trompetenartigen Rufe unverwechselbar, ihre Duette bezaubernd – Kraniche faszinieren Menschen seit Jahrtausenden. In der griechischen Mythologie ist der Kranich Apollon zugeordnet, in China steht er für ein langes Leben und Weisheit. Und nicht zufällig hat eine große deutsche Fluggesellschaft den Kranich in den Mittelpunkt ihres Firmenlogos gestellt.

Im Frühjahr und im Herbst machen mehrere zehntausende Kraniche Rast in den flachen vorpommerschen Boddengewässern. Sie bleiben ein paar Wochen in der Region, um sich für die Weiterreise zu stärken. Tagsüber sind sie auf Nahrungssuche – ab dem Nachmittag sammeln sie sich im Umkreis der Schlafplätze. Die Gruppen können enorm groß werden. In der Dämmerung fliegen sie dann unüberhörbar und oft in langen Ketten zu ihren Schlafplätzen. Ein imposantes Naturspektakel, das sich hier angeblich schon seit über 150 Jahren regelmäßig abspielt.

Die Boddenlandschaft gehört mit über 70.000 zeitgleich pausierenden Kranichen zu den größten Kranichrastplätzen Europas. Im Informationszentrum erfahren Sie alles über die großen Schreitvögel, auch die besten Beobachtungsplätze. Einer davon liegt ganz in der Nähe – etwa fünf Kilometer entfernt am Günzer See: das Kranorama. Die Beobachtungsplattform bietet Besuchern unvergessliche Eindrücke, geschützt vor Wind und Wetter. Vorteile hat das auch für die Kraniche: Herumlaufende Menschen empfinden sie nämlich als extrem störend. Solange die Menschen sich aber unsichtbar für die Tiere im Kranorama befinden, sind die Vögel beruhigt. Der Eintritt ist frei, nur wer professionell fotografieren will (ab 300 Millimeter Brennweite), zahlt zur Hochsaison im März, September und Oktober einen Futterzuschuss von fünf Euro.

Antenne MV TIPP

Kraniche finden Sie in MV auch in anderen Regionen. Zu beobachten sind die Tiere am besten aus dem Auto heraus. Halten Sie bitte nur auf vorgesehenen Parkplätzen und steigen Sie nicht aus, um die Tiere nicht unnötig zu stören.

Information: Kranich-Informationszentrum, Lindenstraße 27, 18455 Groß Mohrdorf;
Tel.: 038323-80540;
www.kraniche.de und
www.facebook.com/kranichschutz/
Öffnungszeiten: März–Nov. unterschiedliche Öffnungszeiten.
Achtung: Juni und Juli nur Mo–Fr.

Eintritt: frei
Anfahrt: Groß Mohrdorf liegt etwa 15 km nordwestlich von Stralsund an der Vorpommerschen Boddenküste. Von Stralsund auch über Prohn, von Barth aus über Groß Kordshagen fahren. Das Kranich-Zentrum ist ein großes gelbes Gebäude direkt an der Hauptstraße.

25 Das Gold des Nordens entdecken

Der Begriff Bernstein kommt aus dem Mittelniederdeutschen und bedeutet so viel wie „Brennstein“. Ein Hinweis auf eine Eigenschaft des Materials: Bernstein brennt. Entstanden ist die in der Ostsee häufigste Bernsteinart vor rund 50 Millionen Jahren aus Baumharz – und noch immer ranken sich mystische Geschichten um das Gold des Nordens.

Selbst Bernstein suchen ist enorm (ent-)spannend. Als gute Fundplätze gelten die Strände von Usedom, Hiddensee und Rügen – auch auf dem Darß kann man fündig werden. Am größten sind die Chancen nach einem kräftigen Sturm im Frühjahr oder Herbst, wenn der leichte Bernstein hochgewirbelt und an die Küsten gespült wird.

Wie lang ist die längste Bernsteinkette der Welt? Um den Hals tragen kann man sie definitiv nicht. Mit 178,6 Metern hat sie sich einen Platz im Guinness-Buch der Rekorde gesichert. Im Deutschen Bernsteinmuseum sind über 1.500 Stücke ausgestellt, die Natur- und Kulturgeschichte über Jahrtausende dokumentieren: filigrane Schmuckstücke, Kunstwerke aus der Zeit des legendären Bernsteinzimmers oder spektakuläre Strandfunde.

Wie aus einem rohen Bernstein mit matter oder vom Ostseesand geschliffener, aber unregelmäßiger Oberfläche ein Schmuckstück wird, ist im Kinder-Bernsteinland zu erleben. Hier können die Kleinen den Strandfund zu einer Kostbarkeit schleifen. Entdecker gehen auf Zeitreise in der Naturgeschichte. Millionen Jahre alte Einschlüsse im Bernstein geben unter dem Mikroskop einen spannenden Blick auf urzeitliche Insekten und Pflanzen.

Das Deutsche Bernsteinmuseum befindet sich im Kloster Ribnitz, dem einzigen Kloster des Klarissenordens im Norden. Hier erfahren Sie unter anderem auch, was es mit Beata, der einzigen Heiligen aus Mecklenburg, auf sich hat und wie es mit dem Kloster nach der Reformation weiterging: Es entstand ein sogenanntes Damenstift, das zwölf unverheirateten Frauen aus dem mecklenburgischen Landadel und der Rostocker Bürgerschaft Unterkunft und Verpflegung gewährte.

Information: Deutsches Bernsteinmuseum im Kloster Ribnitz, Im Kloster 1-2, 18311 Ribnitz-Damgarten; Tel.: 03821-4622

Öffnungszeiten: Apr.–Okt. 9.30–18 Uhr, Nov.–März 9.30–17 Uhr

Eintritt: 8,50 €, Kinder (4 bis 16 Jahre) 4 €, Familienkarte 18,50 €

Anfahrt: Ribnitz-Damgarten liegt an der B105 zwischen Rostock und Stralsund. Parkmöglichkeiten auf dem Marktplatz und auf dem Großparkplatz Gänsewiese.

26 Einen trockenen Tauchgang in die Ostsee mitmachen

Es ist ein mulmiges Gefühl, wenn der Wasserspiegel an den Fenstern immer weiter steigt, bis Sie zur Wasseroberfläche im spitzen Winkel nach oben schauen müssen. Sie sitzen in einer von drei Tauchgondeln an der Ostseeküste Mecklenburg-Vorpommerns! Die gibt es in Zingst, in Sellin auf Rügen und in Zinnowitz auf Usedom.

Die Tauchgondeln befinden sich jeweils an den Enden der Seebrücken. Das hat den Vorteil, dass Sie trockenen Fußes in die Gondel steigen können und sich diese dann nur noch mehrere Meter langsam absenkt. Dann ist die Ostsee plötzlich gar nicht mehr dunkelblau, sondern flaschengrün. Das ist vor allem für Kinder die erste Überraschung. Grund sind im Sommer die Algen, die meist nur weniger als einen Meter Sichtweite zulassen. Trotzdem bekommen Sie definitiv mehr zu sehen als vereinzelt vorbeischwebende Ohrenquallen – und zwar auf der Leinwand! Tatsächlich, die Tauchgondel hat nicht nur Platz für rund 30 Leute, sondern funktioniert auch als Kinosaal unter Wasser. Der 3D-Film, der eigens für die Tauchgondel-Fahrten produziert wurde, bietet viele Informationen zur Entstehung der Ostsee und über die Besonderheiten des größten Brackwassermeeres der Welt.

Erfinder der Tauchgondel ist der Wolgaster Konstrukteur Andreas Wulff. Die erste Gondel wurde 2006 in Zinnowitz auf Usedom installiert. Es folgte eine in Sellin; die in Zingst ist die jüngste. Die druckfeste Tauchgondel selbst ist ein kleines Wunderwerk – launig erklärt vom Gondelkapitän: Warum die an einem Stahlmast herabgleitende Gondel sich unter Wasser leicht bewegt, wie viel Kraft nötig ist, um den großen Hohlraum der Gondel unter Wasser zu drücken, wie hoch der Wasserdruck auf die Außenhaut der Gondel ist und warum Sie auch im Notfall komplett trocken wieder an die Oberfläche kommen würden. All das erfahren Sie nebenbei, und so vergeht der 30- bis 40-minütige Tauchgang wie im Flug.

Information: Tauchgondel Zingst, An der Seebrücke, 18374 Ostseeheilbad Zingst; Tel.: 038232-389077; www.tauchgondel.de

Öffnungszeiten: ganzjährig. Apr.–Okt. tägl. ab 10 Uhr. Sommermonate bis 21 Uhr, sonst bis 19 Uhr. Im Winterhalbjahr 11–16 Uhr; außerhalb der Ferienzeit Mo und Di Ruhetag. Keine Tauchgänge bei Eis oder Sturm.

Eintritt: 8 €, Kinder bis 15 Jahre 5 €. Familienkarten ab 19 €.

Anfahrt: Von Stralsund oder Rostock kommend auf die B105. Entweder in Löbnitz abbiegen Richtung Barth/Zingst oder westlich von Ribnitz-Damgarten über Dierhagen, Ahrenshoop und Prerow nach Zingst.

27 Die Könige der Lüfte in Aktion bewundern

Wer im Vogelpark Marlow nur Vögel erwartet, wird überrascht sein, denn dort gibt es auch viele andere Tiere aus tropischen Ländern. Von südamerikanischen Alpakas über afrikanische Äffchen bis hin zu australischen Kängurus tummeln sich in der urwüchsigen vorpommerschen Landschaft mehr als 1.200 Tiere aus aller Welt.

Vorneweg natürlich die Vögel. Vom Pinguin bis zum Papageien können Sie die farbenfrohen Tiere hautnah erleben. Die Gehege sind thematisch nach dem Lebensraum der jeweiligen Tiere angelegt und begehbar. Das bietet die Möglichkeit für schöne Fotos ohne störende Gitter oder spiegelnde Scheiben.

Ein Höhepunkt vor allem für die kleineren Besucher ist die Möglichkeit, die Gebirgs-Allfarbloris, eine zutrauliche Papageienart, zu füttern. Ein paar Schritte weiter wartet der Streichelzoo mit verschiedenen Schafrassen, Ziegenböcken sowie Sattelschwein Rosi und Wollschaf Ecki. Wenn die Tiertrainer des Vogelparkes die Bewohner und deren Eigenheiten vorstellen, wird der Streichelzoo zum Erlebnisbauernhof. Neben der Haustiershow gibt es weitere Vorführungen, die jeweils andere Schwerpunkte setzen.

Bei der Tiershow erleben Sie zum Beispiel den beeindruckenden Formationsflug der Papageien, die riesige Flügelspannweite des afrikanischen Marabus und die großmäuligen Pelikane. Wenn Sie sich eher für den rasanten Flug der Raubvögel interessieren und erleben wollen, mit welcher Präzision diese Tiere jagen, sollten Sie die Flugshow nicht verpassen. Hier sehen Sie den lautlosen Flug des Uhus, die Eleganz eines Falken und staunen, wenn Weißrückengeier Brunhilde majestätisch über Ihre Köpfe hinweg gleitet.

Der Vogelpark Marlow hat eine Fläche von 22 Hektar. Eine Mischung aus vorpommerscher Heidelandschaft mit vielen Blumen, Wasserflächen und Gehegen. Zudem sind neun Spiellandschaften integriert. Hier können Ihre Kleinen toben, klettern, rutschen und schaukeln. Besonders beliebt sind die Spielarche in der Nähe des Streichelzoos, der Baumkronenpfad und die Hüpfkissen gegenüber der Tiershow.

Information: Erlebnis Vogelpark Marlow gGmbH, Kölzower Chaussee 1, 18337 Marlow; Tel.: 038221-265; www.vogelpark-marlow.de

Öffnungszeiten: Mitte März–Okt. 10–19 Uhr, Nebensaison 10–16 Uhr (keine Shows).

Eintritt: Hauptsaison: 13 €, Kinder bis 16 Jahre 8 €, Kinder unter 3 Jahren frei. Nebensaison: 8 €, Kinder bis 16 Jahre 5 €, Kinder unter 3 Jahren frei

Anfahrt: A20, Abfahrt Bad Sülze, Richtung Bad Sülze, dann weiter Richtung Marlow. In Marlow den Hinweisschildern folgen.

28 Tropischer Badespaß an der Ostsee

Sportlich Schwimmen oder ausgelassener Badespaß? Im HanseDom Stralsund stehen Sie nicht vor dieser schwierigen Entscheidung. Hier finden Sie ein vielfältiges Erlebnisbad kombiniert mit einem großzügigen Sportbad inklusive Sprungturm bis fünf Meter, darüber hinaus Saunen, verschiedene Wellnessangebote und Spielplätze. Gleich nebenan können Sie zudem Tennis, Badminton und Squash spielen.

So nah an der Ostsee und trotzdem in der Südsee: Das subtropische Badeparadies entführt Sie ohne lange Flugreise in ferne Länder. Nachgebildete Felsen, Höhlen und Wasserfälle, dazu üppige Vegetation machen den Charakter des Erlebnisbades aus. Wellenbecken und Whirlpools sorgen für Abwechslung, und zur Entspannung wählen Sie zwischen gemütlichen Liegen am Fuße eines Inka-Tempels, der orientalischen Saunawelt oder dem in die Region passenden Strandkorb. Für die Allerkleinsten geht es in die Seesternchen-Oase oder auf die Piraten-Schatzinsel, etwas Größere toben im Wildwasserkanal oder probieren die verschiedenen Rutschen aus. Im Außenbereich warten neben den ganzjährig beheizten Becken unter anderem ein großer Abenteuerspielplatz, Kletterturm sowie Tischtennis, Boccia oder Riesen-Schach.

Das Besondere am HanseDom ist der baulich getrennte, aber durch eine kleine Schleuse erreichbare Sportbereich. Ohne den Lärm tobender Teenies ziehen Sie hier Ihre Bahnen, zumindest nachmittags, denn das Sportbad wird auch zum Schulschwimmen genutzt. Der Sprungturm bietet als größte Herausforderung sogar fünf Meter Höhe an – etwas für die Mutigen oder für wirklich durchtrainierte Athleten.

Der HanseDom Stralsund ist aufgrund seiner enormen Vielfalt ein beliebtes Ausflugsziel für alle Altersgruppen, und die häufigste Frage der Lütten am Ausgang lautet: „Können wir hier morgen noch mal hin?“

Information: HanseDom Stralsund, Grünhufer Bogen 18–20, 18437 Stralsund; Tel.: 03831-37330; www.hansedom.de
Öffnungszeiten: So bis Do 9.30–21 Uhr, Fr, Sa und an allen Ferientage in MV 9.30–22 Uhr

Eintritt: Tageskarte 19 €, Kinder 5 bis 15 Jahre 16,50 €. Günstigere Zeitkarten und Familienkarten erhältlich. Wochenendzuschlag 2 €. Sportbad- und Saunawelt-Nutzung gegen Aufpreis (Preise Stand Dez. 2016).

29 Nemo, Haie und das beste Stück eines Finnwals

Wohin, wenn es auf Rügen regnet, auf dem Fischland kein Strandwetter ist oder man am Bodden keine Lust hat, mit Gänsehaut ins Wasser zu springen? Spätestens dann fällt einem das MEERESMUSEUM in Stralsund ein.

Dabei erinnert man sich an die Klassenfahrten der Schulzeit, auf denen es in das alte Gemäuer des wunderbaren MEERESMUSEUMs zum Fischegucken ging. 1951 gegründet, zeigt es heute in 36 Aquarien über 1.000 Meerestiere. Und „Nemo". Berühmt wurde der kleine Clownfisch durch seine Geschichte im Animationsfilm „Findet Nemo".

Im MEERESMUSEUM entdecken Sie Nemo und seine Freunde im Tropischen Aquarium. Dort ist das Haibecken mit 50.000 Litern das zweitgrößte Aquarium im Museum. Wer auf wirklich gefährlich wirkende Meerestiere steht, kann dort Bambushaie, Marderhaie oder auch Muränen, Doktorfische und Makrelen bestaunen. Das größte Becken gehört den Meeresschildkröten. In 350.000 Litern Wasser können sich die vier Weibchen und ein Männchen wunderbar bewegen und durch das dreimal acht Meter große „Schaufenster" beobachten lassen.

Doch bevor man zu den Aquarienbewohnern gelangt, läuft man im ehemaligen Klostergebäude des MEERESMUSEUMs unter einem riesigen Walskelett entlang. 15 Meter lang und 1.000 Kilo schwer ist das Knochengerüst des Finnwales, der 1825 an der Rügener Westküste gestrandet war und für die Ausstellung präpariert worden ist – ebenso wie die Luftröhre, die Blutgefäße und der Penis des Meeressäugers.

Übrigens: Mit dem Kombiticket für OZEANEUM und MEERESMUSEUM kann man sparen. Wegen des großen Andrangs vor allem in den Ferien am besten Tickets vorab auf www.meeresmuseum.de buchen – damit gehen Sie entspannt an den Warteschlangen vorbei in die Ausstellung.

Information: Eingang MEERESMUSEUM: Ecke Mönchstr./ Bielkenhagen, 18439 Stralsund; Tel.: 03831-2650210; www.meeresmuseum.de
Öffnungszeiten: Juni–Okt. Mo–So 10–17 Uhr, Nov.–Mai Di–So 10–17 Uhr
Eintritt: 10 €, Kinder (4 bis 16 Jahre) 5 €

Anfahrt: A20, Ausfahrt Stralsund. Weiter über Rügenzubringer B96n bis zur Ausfahrt Stralsund Altstadt. Folgen Sie dort der Beschilderung Richtung Altstadt sowie dem Parkleitsystem. Parken unter anderem im Parkhaus Mönchstraße 1 oder auf P+R-Parkplätzen.

30 Mit Walen singen und Angies Pinguin treffen

Wann hat man im Leben schon mal die Chance, unter einem 26 Meter langen Blauwal zu stehen? Kaum. Hat sich das OZEANEUM auch gedacht, modellierte die Riesen der Meere und lässt sie in einer 20 Meter hohen Halle über den Köpfen der Besucher schweben. Mit ein bisschen Fantasie wähnt man sich im kalten Atlantik.

Die Wale sind nur ein Teil der fünf Ausstellungen im OZEANEUM auf der Stralsunder Hafeninsel. Im größten Aquarium mit 2,6 Millionen Liter Wasser tummeln sich neben Sandtigerhaidame „Niki" verschiedene Rochenarten, Zackenbarsche und ein Drückerfisch. Von zwei Ebenen aus betrachten Sie das neun Meter tiefe Rundbecken mit einem Durchmesser von 17 Metern. Die Acrylscheibe des 50 Quadratmeter großen Panoramafensters ist 30 Zentimeter dick, um dem großen Wasserdruck standhalten zu können.

Von der unteren Etage, dem Meeresgrund, lassen sich Stechrochen, Bernsteinmakrelen und Streifenbrassen gut beobachten. Ein Original-Pottwalskelett am Beckengrund ist beliebter Ruheplatz für die beiden großen Ammenhaie „Anna" und „Anton". An der Hörstation können Kinder lauschen, was sich Seepferdchen oder die kleinen „Nemos" zuflüstern.

Wenn Sie wissen wollen, was Schlangensterne, Furchenkrebse und Gorgonenhäupter sind, sollten Sie sich die insgesamt 1.500 Liter fassenden Becken mit seltenen Kaltwasserkorallen anschauen. Wer es bis auf die Dachterrasse des OZEANEUMs, das sich mit seiner weiß geschwungenen Stahlfassade harmonisch in die Stadtansicht Stralsunds einbettet, geschafft hat, trifft hier Humboldt-Pinguine wie Pinguin-Dame „Alexandra". Deren Patin ist keine geringere als Bundeskanzlerin Angela Merkel.

Insgesamt befinden sich vier Millionen Liter Wasser in den Schaubecken, mehrere Kilometer Rohrleitungen, 15.000 Messpunkte im Wasser und fast 20 Lkw-Ladungen voll Biofilter-Material sorgen für gutes Klima. OZEANEUM-Chef Harald Benke hat dabei nicht nur seine Tiere im Blick – seit Jahren arbeitet er daran, Kindern und Feriengästen das Meer zu erklären und sie für einen verantwortungsvollen Umgang mit der Natur zu sensibilisieren.

Information: OZEANEUM Stralsund, Hafenstraße 11, 18439 Stralsund; Tel.: 03831-2650610; www.ozeaneum.de
Öffnungszeiten: Juni–Sept. 9.30–20 Uhr, Okt.–Mai 9.30–18 Uhr
Eintritt: 17 €, erm. 12 €, Kinder 8 €

Anfahrt: A20 und Rügenzubringer B96 Richtung Stralsund. Abfahrt Ozeaneum/ Hafen, dann der Ausschilderung folgen. Das Parkhaus Am Ozeaneum bietet vom oberen Parkdeck einen sensationellen Blick auf die Altstadt.

31 Unmotorisiertes Inselleben auf Hiddensee

„Die kürzeste Verbindung zwischen zwei Punkten ist die Gerade". Diese mathematische Regel gilt auf den Wasserstraßen vor Hiddensee nicht. Im Zickzackkurs zwischen den grünen und roten Tonnen des Fahrwassers hindurch geht es nach Vitte, Neuendorf oder Kloster. So ist schon die Anreise nach Hiddensee, der schmalen Nachbarin der größten deutschen Insel, Rügen, ein ganz besonderes Erlebnis.

Mit dem Geruch von frisch geräuchertem Fisch, dem Blick auf Reetdächer und eine Galerie von kleinen Fahrradanhängern werden Sie auf der Insel begrüßt. So werden Ihre Koffer zur Ferienwohnung oder Pension gebracht, denn Autos gibt es hier nur für Müllabfuhr, Krankenwagen oder Polizei, inzwischen auch elektrisch und leise. Die Insel will erwandert oder mit dem Fahrrad bzw. Skate- oder Longboard entdeckt werden. Das geht super, denn die Fahrradwege sind fantastisch. Mit dem Wind in Gesicht oder Rücken fahren Sie auf dem Deich in Richtung Norden zu einem der Wahrzeichen der Insel – dem Leuchtturm auf dem Dornbusch. Er markiert deren höchsten Punkt und ist beliebtes Fotomotiv.

Von dort führt die Radtour an den Schilfrohrdächern der Ferienhäuser oder den als Kunstgalerie genutzten ehemaligen Fischerhäusern vorbei. Cafés bieten hausgemachten Kuchen, urige Restaurants frische Scholle oder Dorsch aus der Ostsee. Zum Baden hält man an einem der schneeweißen Strandabschnitte an der westlichen Inselseite an. Tagesurlauber sollten bei so vielen Eindrücken nicht die Abfahrt der letzten Fähre oder des schnellen Wassertaxis verpassen! Übernachtungen auf Hiddensee sind begehrt und gerade in der Hauptsaison spontan schwer zu bekommen.

Antenne MV TIPP

Zahlreiche Künstler und Promis haben auf Hiddensee gelebt oder wohnen aktuell noch hier. Zu beliebten Anlaufpunkten gehören unter anderem die Häuser von Stummfilmstar Asta Nielsen oder Schriftsteller Gerhart Hauptmann, in denen regelmäßig Veranstaltungen stattfinden.

Anfahrt: Zu erreichen ist die Insel Hiddensee von Stralsund und von Schaprode auf Rügen mit Personenfähren der Reederei Hiddensee. Die legen in Kloster, Vitte und Neuendorf an. In der Sommersaison bestehen weitere Verbindungen von Ralswiek, Breege oder Wiek auf Rügen sowie von Zingst. Außerdem gibt es zahlreiche Wassertaxiverbindungen vom Festland und von der Insel Rügen. www.reederei-hiddensee.de

32 Pferde – Feuerwerk – Piraten: Störtebeker Festspiele

Den ersten Szenenapplaus gibt es bereits vor der Vorstellung, wenn das Licht ausgeht, der Blick über die sagenhafte Naturbühne mit dem Bodden im Hintergrund schweift und es kurz still wird. Was für eine Kulisse! Nicht ohne Grund gilt die Naturbühne Ralswiek auf Rügen mit ihren 9.000 Sitzplätzen als eine der schönsten der Welt.

Die Darsteller bewegen sich nicht nur zwischen den historischen Kulissen an Land, auch der Jasmunder Bodden ist Schauplatz der Abenteuer von Klaus Störtebeker und seinem Gefolge. Für das actionverwöhnte Publikum des 21. Jahrhunderts werden alle Register der modernen Theaterunterhaltung gezogen. 160 Schauspieler, rund 30 Pferde, mehrere Schiffe und viele Helfer hinter den Kulissen sorgen für ein unvergleichliches Theatererlebnis. Seit 1993 zeichnet Peter Hick als Intendant verantwortlich. Hick war Stuntman, und das spürt man bei seinen Inszenierungen. Hier wird im Namen der Gerechtigkeit geprügelt, gefochten und durchs Feuer gesprungen. Der Gute, der kantige Held, der Robin Hood der Meere ist aber nicht nur der reitende Kämpfer, sondern auch der Seeräuber, der sein Herz an eine schöne Frau verliert.

Jedes Jahr wird eine neue Störtebeker-Geschichte mit immer neuen, beeindruckenden Spezialeffekten erzählt. Ob Explosionen, Nebel, Feuer, Kanonenschüsse oder sinkende Koggen – die Show sorgt für Spannung und atemberaubende Szenen. Angeführt vom aktuellen Störtebeker-Darsteller glänzen regelmäßig bekannte Fernsehgrößen in Ralswiek. So spielt z.B. der frühere „Wetten dass"-Moderator Wolfgang Lippert seit 2003 den Balladensänger Abellin, RTL-Dschungelkönigin Ingrid van Bergen war in diversen Rollen zu sehen, und die tiefe, sonore Stimme des unvergessenen Wolfgang Dehler gab den Festspielen den besonderen Klang. Apropos Sound: Nachdem die finale Schlacht für das Gute geschlagen ist, knallt es ein letztes Mal. Der Pyrotechniker der Festspiele zündet zum Abspann ein riesiges Feuerwerk, das „Ihren Besuch auf der Insel Rügen zu einem unvergesslichen Erlebnis werden lässt!"

Information: Störtebeker Festspiele, Am Bodden 100, 18528 Ralswiek/Rügen; Tel. Kartenhotline: 03838-31100; www.stoertebeker.de

Spielzeiten: von Ende Juni–Sept. tägl. außer Sonntag jeweils 20 Uhr, aktuelle Spieltermine auf der Website

Preise: ab 12 €, Kinder bis 15 Jahre ab 10 €, Kinder bis 4 Jahre auf dem Schoß frei.

Anfahrt: A20 Abfahrt Stralsund, B96 Richung Rügen (Rügenzubringer). Kurz hinter Bergen links nach Ralswiek auf den großen Parkplatz abfahren. Von hier geht es zu Fuß oder mit einer kleinen Bahn zur Naturbühne.

33 Sich wie der König der Insel fühlen

Inmitten eines alten, romantischen Buchenwalds im Südosten der Insel Rügen befindet sich eins der imposantesten Bauwerke in Norddeutschland, das Jagdschloss Granitz. Erbaut wurde es ab 1837 von dem Berliner Architekten Johann Gottfried Steinmeyer auf dem 107 Meter hohen Tempelberg. Durch die exponierte Lage ist der 38 Meter hohe Mittelturm auch aus großer Entfernung sichtbar.

Das Schloss hat einen viereckigen Grundriss mit einem Turm an jeder Ecke und einem in der Mitte. Dieser wurde von dem berühmten preußischen Baumeister Karl Friedrich Schinkel entworfen und erst später errichtet. Im Innern des Turms brauchen Sie etwas Mut, vor allem, wenn sie Höhenangst haben. Über 154 Stufen führt Sie eine gusseiserne, freitragende Wendeltreppe nach oben. Sie gilt als Meisterwerk des Eisengusses. Das Besondere: Die Stufen bestehen aus einzelnen Ornamenten, die beständig den Blick nach unten freigeben. Die Belohnung für die Mühen wartet auf der Aussichtsplattform. Von hier haben Sie eine sensationelle Aussicht über die Insel und die Ostsee, je nach Wetter blicken Sie bis Stralsund und erkennen vielleicht sogar die Insel Usedom am Horizont. Ein König hat hier zwar nie residiert, aber königlich ist dieser Weitblick allemal.

Ein weiteres Highlight befindet sich ganz unten, im Keller ist eine historische Brennerei eingerichtet. Außerdem gibt es ein uriges Restaurant und mehrere Ausstellungen. Zahlreiche Trophäen zeugen vom Jagderfolg der früheren Besitzer und Gäste, historische Jagdwaffen demonstrieren die damalige Ausstattung der Jagdgesellschaften.

Zu erreichen ist das Jagdschloss Granitz am besten mit dem Rasenden Roland (s. nächste Seite). Die historische Schmalspurbahn bringt Sie zudem gleich in die richtige Stimmung. Alternativ nehmen Sie von Binz aus den Jagdschlossexpress – eine kleine Bahn, die Sie gemütlich zum Schloss befördert. Mit dem Auto erreichen Sie das Gelände nicht – Ihren Wagen lassen Sie außerhalb des Waldstücks stehen, dann geht es das letzte Stück zu Fuß oder mit dem Fahrrad weiter.

Information: Jagdschloss Granitz, Postfach 1101, 18609 Ostseebad Binz; Tel.: 038393-66710; www.mv-schloesser.de

Öffnungszeiten: Mai–Sept. tägl. 9–18 Uhr, Okt./Apr. tägl. 10–16 Uhr, Nov.–März Di bis So 10–16 Uhr

Eintritt: 6 €; Kinder/Schüler: 1 €; Studenten, Bufdis, Azubis: 4 €

Anfahrt: Rasender Roland bis Haltepunkt Jagdschloss; alternativ: Zubringer-Bahn vom Parkplatz Binz-Ost oder Seebrücke. Zu Fuß von Binz-Ost ca. 2 km.

34 Dampfen, schnaufen, pfeifen auf schmalen Spuren

„Papa, warum ist der Zug so klein, ist der nur für Kinder?“ So ähnlich könnten Ihre Kinder fragen, wenn sie das erste Mal die kleine dampfende Lokomotive mit den grünen Waggons am Bahnhof von Putbus einfahren sehen. Der Zug ist selbstverständlich auch für Große, muss aber so klein sein, sonst dürfte er hier nicht fahren.

Der Grund dafür ist ein über 120 Jahre altes Gesetz: das preußische Kleinbahngesetz von 1892. Es genehmigte einen Bahnbetrieb mit einer Spurweite von nur 75 Zentimetern. Ziel des Gesetzes war, auch die abgelegenen Landesteile mit Bahnverkehr zu versorgen – nur eben auf nicht so großem Fuß wie auf dem Festland. Seit 1895 dampft, schnauft und pfeift der Rasende Roland auf der ältesten Strecke von Putbus nach Binz hin und her und bringt vor allem Touristen über Deutschlands größte Insel. Aber selbst wenn für Sie der Weg das Ziel ist, sind Sie im Rasenden Roland gut aufgehoben. Bei Tempo 30 können Sie fast noch Blumen pflücken während der Fahrt. Versuchen sollten Sie es besser nicht.

Und warum heißt der Zug nun Rasender Roland? So ganz ist diese Frage bis heute nicht geklärt. In den 1950er-Jahren kamen viele Arbeiter aus dem sächsischen Uranbergbau zur Erholung auf die Insel Rügen. Sie waren es, die der Kleinbahn den Namen Rasender Roland gegeben haben sollen. Das „Rasen“ ist hier wohl mehr ironisch gemeint, denn mit der schlechten Kohle der Nachkriegszeit und den immer vollen Zügen war schnelles Fahren kaum möglich. Und der Name Roland könnte von einer Figur aus den Bergmannsbräuchen stammen. Der Rasende Roland also ein Pseudonym für ein „schleichendes räucherndes Männchen auf Schienen“? Warum nicht? Wer mit diesem Zug fährt, will genießen und nicht rasen. Von Putbus in einer halben Stunde nach Binz schnaufen, dort schön an der Promenade flanieren und bei Kaffee und Kuchen die Sonne genießen, ins Wasser springen und am Strand chillen, um später wieder mit der Bahn zurückzufahren, so könnte ein Urlaubstag aussehen. Alternative: von Binz nach Göhren fahren und auf der Rückfahrt am Jagdschloss Granitz halten.

Information: Fahrpläne und Strecken unter www.ruegensche-baederbahn.de; Tel.: 038301-884012
Betriebszeiten: Die Rügensche BäderBahn, der Rasende Roland, fährt zwischen 8 und 21 Uhr im 2-Stunden-Takt von Putbus nach Göhren und zurück, in den Sommermonaten zwischen Göhren und Binz stündlich. In der Hauptsaison zusätzliche Strecken und Spätfahrten bis kurz vor Mitternacht. Für Kinder ab 6 Jahren kann eine Mitfahrt auf dem Führerstand der Lok gebucht werden.

35 Mit den Vögeln auf Augenhöhe wandern

1.250 Meter wandern? Das ist weder großer Sport noch verbrennt das die Kalorien vom leckeren Windbeutel. Doch diese Wanderung ist etwas ganz Besonderes – und einzigartig in Mecklenburg-Vorpommern. Hier auf dem Baumwipfelpfad steigen Sie sicher und ohne die Hilfe einer Leiter auf die Spitze einer Buche.

Mit einer Steigung von sechs Prozent geht es 600 Meter rund um den Baum nach oben. Bis man im symbolischen Adlerhorst, der Spitze des Baumwipfelpfades, angekommen ist. „Wow!“, werden Sie sagen, wenn die Luft klar und die Sicht gut ist. Denn von dem 40 Meter hohen Aussichtspunkt haben Sie eine fantastische Rundsicht über die größte deutsche Insel und mit ein bisschen Glück auch auf die Skyline von Stralsund und die imposante Rügenbrücke.

In den Baumwipfeln tobt das Leben. Hier wohnt der Seeadler, den Sie mit etwas Glück beim Jagen beobachten können. Auf dem Weg zum und vom Wipfel entdecken Sie viel Spannendes und Wissenswertes: An einer Wasserpumpe empfinden Sie durch eigenes „Kurbeln“ nach, welche Kraft ein Baum aufbringen muss, um Wasser über die Wurzeln bis in die Spitze zu transportieren. Außerdem macht ein speziell justiertes Fernglas deutlich, wie gut der Seeadler gucken kann. Dieser Ausflug empfiehlt sich besonders bei schönem Wetter und guter Sicht.

Antenne MV TIPP

Zwischendurch gibt es immer wieder kleinere und größere Exponate und „Spielflächen“. Am Ende des Pfades warten eine Ausstellung über die Insel Rügen und ein großer Spielplatz zum Toben. Dort befindet sich auch ein Restaurant mit schmackhaftem Essen zum angemessenen Preis. Alles in allem eine sehr gute Adresse für zwei bis vier Stunden Aktion.

Information: Naturerbe Zentrum Rügen, Forsthaus Prora 1, 18609 Ostseebad Binz/OT Prora; Tel.: 038393-662200; www.nezr.de
Öffnungszeiten: ganzjährig (Jan., Nov. zeitweise geschlossen), 9.30 Uhr, Hauptsaison bis 19.30 Uhr, Apr., Okt. bis 17.30 Uhr, Nov.–März bis 16.30 Uhr.
Eintritt: Erw. 10 €, Kinder 6 bis 14 Jahre 8 €, Familien 21 €.
Anfahrt: Bus: VVR oder Naturerbe-Prora-Express ab Seebrücke Binz. Auto: www.nezr.de/nezr/info/anfahrt-parken

36 Schneeweiße Kreidefelsen auf Rügen bewundern

Caspar David Friedrichs Gemälde „Kreidefelsen auf Rügen“ aus dem Jahr 1818 hat sie weltberühmt gemacht: Als strahlende, weißglühende, bizarre Gebilde ragen die weißen Felsen in den Himmel und rahmen dabei den Blick auf die in der Sonne funkelnde Ostsee ein. Dieser Blick über 100 Meter nach oben fasziniert die Menschen seit Jahrhunderten.

Auch von der Wasserseite gibt die Sicht auf die strahlenden Felsen Deutschlands größter Insel Glanz und Erhabenheit, geschaffen ohne menschlichen Einfluss. Sie entdecken das Naturwunder Kreidefelsen am besten, wenn Sie Zeit, gute Wanderschuhe und ein bisschen Kondition mitbringen. Die intensivste Erfahrung ist die Wanderung von Sassnitz zum Königsstuhl. Rund zweieinhalb Stunden geht es durch unberührte Buchenwälder und über hügelige Wege auf die Höhe von 118 Metern. Achten Sie bitte bei Abstiegen auf die Gefahrenhinweise – je nach Wetter kommt es immer wieder zu Küstenabbrüchen. Die Hinweisschilder sind durchaus ernst gemeint. Das Klettern an den Steilhängen ist grundsätzlich lebensgefährlich.

Im Nationalparkzentrum angekommen warten eine ganze Reihe verschiedener Angebote auf Sie. Die interaktive Erlebnisausstellung „Wir machen Unsichtbares sichtbar“ ist das Kernstück des Besucherzentrums. Auf vier Etagen streifen Sie hier durch die akustisch inszenierten Räume und werden dabei spielerisch in die Geheimnisse der Kreidelandschaft eingeweiht: Sie schauen in das Kreidemeer, blicken zurück in die Eiszeit oder tauchen in die Tiefen der Ostsee ein. So bekommen Sie multimedial und eindrucksvoll eine Vorstellung, wie diese spektakuläre Landschaft entstanden ist.

Noch schöner ist es nur draußen. Wenige Minuten vom Nationalparkzentrum entfernt ist sie zu finden: die spektakuläre Aussicht vom weltbekannten Kreidefelsen auf die blau schimmernde Ostsee. Auf dem Aussichtsgelände ist Platz für etwa 100 Personen. Sollte es hier tatsächlich einmal eng sein, nutzen Sie die Zeit für einen Gang über die Romantikwiese, lassen Sie die Kinder an die Kletterbäume oder genießen Sie einen Kaffee auf der Sonnenterrasse.

Information: Nationalpark-Zentrum Königsstuhl, Stubbenkammer 2, 18546 Sassnitz; Tel.: 038392-66170; www.koenigsstuhl.com
Öffnungszeiten: tägl. außer 24.12., Ostern bis Ende Okt. 9–19 Uhr, Nov.–Ostern 10–17 Uhr
Eintritt: Besucherzentrum inkl. Indoor- u. Outdoor-Angebote: 8,50 €, Kinder 6 bis 14 Jahre 4 €.

Anfahrt: Über die A20, Abfahrt Stralsund. B96 Richtung Sassnitz. Vom Bahnhof Sassnitz zu Fuß (2,5 h) oder mit dem Bus (Linie 20) der VVR zum Königsstuhl. Möglich auch: Großparkplatz Hagen, von dort Pendelbus Linie 19. Alternativ: kostenpflichtiger Parkplatz „Tierpark am Nationalpark", von dort mit dem Bus (Linie 20).

37 Am gigantischen Koloss von Prora entlanglaufen

Ein monumentales Zeugnis der nationalsozialistischen Ideologie findet sich an einem der schönsten Strände der Insel Rügen im Binzer Ortsteil Prora. Hier entstand zwischen 1936 und 1939 ein viereinhalb Kilometer langer Ferienkomplex, sechs Stockwerke hoch: Über 20.000 Menschen hätten in dieser Anlage gleichzeitig Urlaub machen können, in 10.000 Zweibettzimmern mit Meerblick.

Mit dem Beginn des Zweiten Weltkriegs stoppten die Bauarbeiten. Acht Bettenhäuser, Teile eines zentralen Festplatzes und die geplante Kaianlage für Urlaubsschiffe waren im Rohbau fertig. Wie die gut 12 Quadratmeter großen Gästezimmer hätten aussehen sollen, können Sie sich ansehen, eins ist im KdF-Museum zur Besichtigung hergerichtet und gibt einen plastischen Eindruck, wie sich Gleichschaltung auch in den Ferien ausdrückte.

Ausführliche Informationen über die Geschichte des einstigen KdF-Bades bekommen Sie im Dokumentationszentrum Prora, es eignet sich hervorragend als erste Anlaufstelle. Ebenfalls empfehlenswert ist das DDR-Museum, das sich unterschiedlichen geschlossenen Themenbereichen widmet. Der Koloss von Prora wurde nämlich nach 1949 weiterhin genutzt – von der Volkspolizei, der NVA und später von der Bundeswehr. In Sonderausstellungen erleben Sie DDR-Technik von der Küchenmaschine über Kameras bis zu Fernsehern, außerdem finden Sie eine Sammlung alter DDR-Motorräder. Die verschiedenen Museen und Ausstellungen zeigen ein beeindruckendes Bild von der Geschichte dieses Ortes.

Nachdem sich 20 Jahre lang kein Käufer für den gesamten Komplex fand, verkaufte der Bund die Blöcke ab 2004 einzeln, größtenteils an Privatinvestoren, die Luxusapartments und Ferienwohnungen bauen. Ein Block ging an den Landkreis, der hier die größte und modernste Jugendherberge des Landes errichtete. So finden Sie in Prora ein einmaliges Nebeneinander von Vergangenheit, Gegenwart und Zukunft, eine Mischung von geschichtsbewussten Museumsbesuchern und unbedarften Schulklassen, die von hier aus die Insel erkunden.

Information: Dokumentationszentrum Prora, Objektstraße Block 3, 18609 Prora; Tel.: 038393-13991; www.proradok.de

Öffnungszeiten: Dokumentationszentrum: Juni, Juli, Aug. tägl. 9.30–19 Uhr; März, Apr., Mai, Sept., Okt. tägl. 10–18 Uhr; Nov., Dez., Jan., Feb. tägl. 11–16 Uhr. Führungen 2x tägl., je 60 min. Weitere Museen haben teilw. geringfügig abweichende Öffnungszeiten.

Eintritt: Dok-Zentrum: 5 €, erm. 3 €, Kinder unter 13 Jahren frei. KdF-Museum: 8,50 €. NVA-Museum: 6 €, erm. 3–3,50 €, Kinder bis 6 Jahre frei

Anfahrt: von Stralsund über die B96 (Rügenbrücke) auf die Insel Richtung Bergen. In Bergen rechts ab auf die B196. Nach ca. 10 km links Richtung Binz/Prora, Beschilderung folgen.

38 Auf Rügen an einem Tag die Welt umreisen

Wer kann schon behaupten, an einem Tag die Pariser Kirche Notre-Dame, die Chinesische Mauer, den schiefen Turm von Pisa und die New Yorker Freiheitsstatue gesehen zu haben? Im Rügenpark Gingst geht das, wenngleich die Gebäude im Maßstab 1:25 nachgebaut sind. Bis zu neun Meter hoch sind die Modelle, die mit viel Liebe zum Detail errichtet wurden.

Der Park ist eine Mischung aus Miniaturen berühmter Bauwerke dieser Welt und vielen Fun- und Fahrattraktionen eines Freizeitparks. Auf einer Fläche von 40.000 Quadratmetern erleben Sie hier die 1:1-Nachbildungen von 100 internationalen Sehenswürdigkeiten. Zu den Höhepunkten gehört ein Modell der Insel Rügen mit allen Hotspots – es zeigt zum einen, wie zerklüftet die Insel tatsächlich ist und welche Sehenswürdigkeiten Sie unbedingt noch besuchen sollten, bevor der kostbare Urlaub wieder vorbei ist. Eine bewegliche Dinosauriernachbildung in Lebensgröße ist ein beliebtes Fotomotiv. Im Streichelzoo warten schnuckelige Schafe und zahme Ziegen.

Nachdem Sie die Familie vor dem Kreml, der Tower Bridge und den ägyptischen Pyramiden fotografiert haben, geht es in den Spaßbereich des Parks. Auf rund 15 Fahrgeschäften können Sie, aber vor allem die Kinder, rutschen, auf riesigen Hüpfkissen toben, schaukeln, eine Runde auf der mechanischen Pferdereitbahn drehen oder mit dem Gravity Coaster, einer Achterbahn, fahren.

Es geht aber auch gemächlicher: Die Eisenbahn Emma lädt zum Rundkurs durch den Park. Die Nutzung der Fahrattraktionen ist im Eintrittspreis inbegriffen, und das Selbstbedienungsrestaurant im hinteren Teil des Parks hat alles, was Sie zur Stärkung zwischendurch oder hinterher brauchen.

Information: Rügenpark Gingst, Mühlenstraße 22 b, 18569 Gingst; Tel.: 038305-55055; www.ruegenpark.de

Öffnungszeiten: Ostern–Okt., Hauptsaison tägl. 10–19 Uhr, Nebensaison tägl. außer Mo 10–17 Uhr (Herbst) bzw. 18 Uhr (Vorsaison)

Eintritt: 9,40 €, Kinder bis 11 Jahre je nach Größe 2–7,40 €, unter drei Jahren frei, Familienermäßigung ab fünf Personen

Anfahrt: A20, Abfahrt Stralsund/Rügen, dann B96 Richtung Samtens. Hier abbiegen Richtung Gingst. Der Park liegt am Ende des Ortes. 250 kostenlose Parkplätze, Hunde an der Leine können mit.

T-Rex und Triceratops im Dinosaurierland treffen

39

Spätestens seit den Jurassic-Park-Filmen von Regielegende Steven Spielberg sind Dinosaurier Kult. Die riesigen Tiere aus der Urzeit vor 65 Millionen Jahren faszinieren durch ihre Größe, ihr brachiales Auftreten und die ihnen angedichteten Eigenschaften und Geschichten. Dino-interessierte Kinder zählen locker ein halbes Dutzend lateinische Sauriernamen und deren typische Eigenschaften auf, oder?

Schon wenn man sich dem 9,5 Hektar großen Gelände nähert, sieht man die ersten Exemplare der Urzeitriesen durch den Zaun gucken. Auf dem chronologisch geordneten Pfad durch die Zeit der Saurier erfahren Sie Details über die Lebensweise, und vor allem Kinder sind begeistert von den beweglichen und röhrenden Giganten der Urzeit: T-Rex, Spinosaurus, Triceratops oder der „Langhals" Diplodocus. 130 Exemplare der ausgestorbenen Land- und Wassertiere treffen Sie im Dinosaurierland an, dabei ergeben sich viele, tolle Gelegenheiten für unvergessliche Fotos.

Bernsteine suchen, Fossilien ausgraben, ein Dino-Skelett freilegen – wundern Sie sich nicht, wenn Ihr Nachwuchs nach all den Mitmachaktionen ein Faible für Archäologie entwickelt. Auch Bogenschießen und Kletterabenteuer sind für die kleinen Besucher oft eine willkommene Abwechslung zum Strandbesuch. Zu entdecken gibt es außerdem ein Dino-Kino und das Steinzeitdorf.

Besucher loben das freundliche Personal und die ausgedehnten Möglichkeiten für Eltern, entspannt kühle Getränke oder Kaffee-Spezialitäten unter dem Sonnenschirm zu genießen. Insgesamt ein unvergesslicher Tagesausflug – nicht nur, aber vor allem für Familien.

Information: Dinosaurierland Rügen, Am Spycker See 2a; 18551 Spycker (bei Glowe); Tel.: 038302-719874; www.dinosaurierland-ruegen.de
Öffnungszeiten: Apr./Mai 10–17 Uhr; Juni–Aug. 10–18 Uhr, Sept./Okt. 10–17 Uhr, März/Nov. 10–15 Uhr, Freitag Ruhetag

Eintritt: 8,50 €, Kinder 4 bis 12 Jahre 6,50 €, Hund 2 €
Anfahrt: Über die A20 Abfahrt Stralsund, B96 Richtung Sassnitz/Sagard, vor Sagard links Richtung Glowe abbiegen und den Hinweisschildern zum Dinosaurierland folgen. Parkplatz kostenlos.

40 Die Nordspitze der Insel Rügen erreichen

„Letzter Parkplatz vor dem Kap Arkona!" warnt die Tafel in Putgarten auf Rügen. Stimmt, denn von hier aus sind es nur noch zwei Kilometer bis zum Kap Arkona. Die restliche Strecke legen Sie mit dem Fahrrad, der gummibereiften Kap-Arkona-Bahn oder zu Fuß zurück.

Der Weg ist ganz klar Teil des Ziels, rechts und links gesäumt von netten kleinen Cafés, Imbisslädchen und schmuck gestalteten Vorgärten. Je weiter Sie aus Putgarten herauskommen, desto windiger wird es. Die Ostsee sehen Sie vorerst nicht, denn das Kap Arkona liegt 43 Meter über dem Wasser auf Kreide und Geschiebemergel aus der Eiszeit. Gut zu sehen sind allerdings drei markante Türme am Horizont. Links der älteste und mit 19 Metern Höhe der kleinste Turm aus dem Jahr 1828. Gebaut nach Plänen von Karl Friedrich Schinkel zeigte er den Seefahrern und Fischern bis 1905 den richtigen Weg. Heute kann er genauso besichtigt werden wie der Nachbarturm, der 1905 die Arbeit des alten Turms übernahm und nach wie vor ein aktiver Navigationspunkt ist. Der backsteinrote Schinkelturm ist heute Museum und für Brautpaare ein beliebter Ort, sich das Jawort zu geben. In die Zukunft kann man von hier zwar nicht schauen, weit auf die Insel und die Ostsee schon. Bei klarer Sicht entdecken Sie am Horizont sogar die dänische Insel Møn.

Gestärkt mit einem Fischbrötchen geht es zum dritten Turm – dem ehemaligen Marinepeilturm aus dem Jahr 1927. Er war ein wichtiges Funkfeuer und wird heute als Museum und Atelier genutzt. Nach Besichtigung der drei Türme geht es weiter zu Fuß an den Strand. Hierfür sollte man einigermaßen sportlich sein, denn die Veilchentreppe ist steil und bei nassem Wetter auch rutschig. Für den Abstieg wird man mit einem atemberaubenden Blick auf den wilden Strand aus Feuersteinen, Findlingen und die Kreideküste belohnt. Für den Rückweg vom Kap Arkona zum Parkplatz empfiehlt sich die kleine Kap-Arkona-Bahn – sie fährt auch das romantische Fischerdörfchen Vitt an. Hier unbedingt frische Sprotten oder ein Stück Räucherhering kaufen!

Antenne MV TIPP

Wer den geografisch nördlichsten Punkt Rügens besuchen will, muss vom Kap Arkona noch ein bisschen weiter nach Nordwest wandern oder radeln. Ungefähr einen Kilometer entfernt befindet sich an der Steilküste der Gellort, der sich geographisch noch etwas nördlicher befindet. Direkt am Fuße des Gellorts liegt ein 165 Tonnen schwerer Findling, der sogenannte Siebenschneiderstein.

Information: Zu erreichen ist das Kap Arkona auf Rügen über die B96 bis Sagard, dann auf der L30 weiter Richtung Glowe – Juliusruh – Altenkirchen und von da in Richtung Putgarten. Hier parken und Shuttle mit der Kap-Arkona-Bahn zum Kap nehmen, laufen oder radeln.

41 Im kaiserlichen Postamt in Wolgast wohnen

Genießen Sie Ihre Ferientage doch mal in einem alten Postamt! Seit 2014 ist das Gebäude aus der Gründerzeit ein ganz besonderes Hotel mitten in Wolgast. Die Betreiber behielten den Charme des Klinkerbaus und seiner früheren Funktion bei und erfanden für ihr Haus das inzwischen geflügelte Wort POSTEL.

Man kann die Stempelfarbe noch förmlich riechen und glaubt, das Klopfen der Stempel zu hören, wenn man durch das verzierte Tor zum POSTEL in Wolgast tritt. Auch sonst erinnert im Inneren alles an die jahrzehntelange Funktion des 1884 erbauten, imposanten Gebäudes, das 120 Jahre lang ein Postamt war.

Nach einigen Jahren Leerstand hatten die heutigen Betreiber eine „post-moderne" Idee: Sie wollten die alte Post wieder zu einem Treffpunkt machen! Das POSTEL war geboren. Im historischen Look hat es im Inneren alles, was eine moderne Herberge mit Hotelcharakter bieten kann – und noch etwas mehr. Freiräume mit großem Coolness-Faktor wie ein Indoorsoccer, in dem man neben Fußballspielen auch Indoorcampen kann, den Postelpark mit Lagerfeuerplatz und Hängematten, große Räume für Chor- und Bandproben oder Tanzkurse auf Sportparkett. Gleichzeitig hat man den Charme der Kaiserzeit und folgender Jahrzehnte erhalten: vom Briefkasten über den Münzfernsprecher und Gegenständen aus weit über 100 Jahren Postgeschichte. So ist das POSTEL nicht nur gemütliche Herberge, sondern auch ein kleines Museum.

Eingecheckt wird in der herrschaftlichen Schalterhalle, für Ihre Übernachtung haben Sie die Wahl: Doppelzimmer, Familienzimmer, Ferienwohnung oder nur ein Plätzchen im Schlafsaal. Jeder Raum ist individuell eingerichtet. Schon im Jahr nach der Eröffnung erzielte das Hotel für sein einmaliges Konzept den Deutschen Tourismuspreis.

Wie die Christel von der Post, gelangt man heute noch per Fahrrad in die reizvolle, seen- und flussreiche vorpommersche Küstenlandschaft, in traditionelle Fischerdörfer oder über die imposante Peene-Brücke auf die Insel Usedom mit ihren langen Sandstränden.

Information: POSTEL, Platz der Jugend, 17438 Wolgast; Tel.: 03836-2374383; www.post-aus-wolgast.de
Anfahrt: A20, Abfahrt Gützkow, dann B111 bis Wolgast. Das Postel liegt auf der linken Seite am Platz der Jugend. Mit dem Zug: DB bis Züssow, Bäderbahn bis Wolgast Hafen. Von dort 600 m zu Fuß. Das Gepäck kann von der Postkutsche geholt werden.

42 Auf der größten Minigolfanlage an der Ostsee spielen

Während die Geschichte des Golfspiels bis ins Mittelalter reicht und zunächst nur Monarchen die Schläger schwangen, ist Minigolf deutlich jünger. In den 1950er-Jahren von einem Schweizer Gartenarchitekten erfunden, hat sich Minigolf als Freizeitsport in ganz Europa verbreitet. Es wird in Parks oder auch Indoor gespielt.

Die größte Minigolfanlage an der Ostsee liegt auf Usedom. Sie hat 36 Bahnen im Freien in Koserow und weitere 36 Indoor-Bahnen in Pudagla. Letztere kann das ganze Jahr genutzt werden. Nachdem Sie Ihr Auto auf dem kostenlosen Parkplatz abgestellt haben, erhalten Sie am Tresen der Indoorgolfanlage nicht nur den Chip für den Eintritt sowie Schläger und Bälle, sondern auch fachkundige Infos zu den verschiedenen Bahnen, Besonderheiten und Schwierigkeitsgraden. Und für alle Neulinge die Erklärung der Spielregeln.

Jede der Bahnen des Minigolfparcours ist aus den kreativen Ideen des Besitzers entstanden und bietet witzige Details. So gibt es auf einer Bahn beispielsweise einen künstlichen Wasserlauf, in dem sich ein Wasserrad dreht. Respekt, wenn Sie den Golfball beim ersten Versuch hindurch bekommen! Ein paar Meter weiter testen Sie in der Dunkelheit und bei Schwarzlicht, wie geschickt Sie auch bei eingeschränktem Licht mit dem fluoreszierenden Ball umgehen können.

Häufig wundern sich die Indoorgolfer in Pudagla, warum an den Golfbahnen Waschmaschinen stehen. Eine Frage, über die sich Inhaber Uwe Böhme immer wieder amüsiert, denn die Waschmaschinen sind mit ihren leisen Motoren die Antriebe für die mechanischen Elemente auf den einzelnen Bahnen: Für das Wasserrad und ein bewegliches Holztor, das sich als Hindernis im Takt der Waschmaschinenumdrehung öffnet und schließt. Welche Elemente die anderen Waschmaschinen antreiben? Schauen Sie es sich an! Für den Maxi-Hunger nach dem Mini-Golf gibt es im Eingangsbereich einen Imbiss, Getränke und Eis.

Information: Indoor Minigolf Pudagla, Am Sandfeld 2, 17429 Pudagla; Tel.: 038379-288348; www.indoorminigolf-pudagla.de

Eintritt: 36 Bahnen: 11 €, Kinder und Jugendliche 8 €; 18 Bahnen: 6 €, Kinder und Jugendliche 4,50 €

Anfahrt: A20, dann B110 auf die Insel Usedom; an der Kreuzug zur B111 Richtung Koserow und vor Pudagla ins Gewerbegebiet Pudagla abbiegen. Hier ausgeschildert.

43 Auf Usedom die Tropen genießen

Ein Gefühl von Dschungel erleben Sie in der Schmetterlingsfarm Trassenheide. Es wird heiß und vor allem feucht. Hier leben etwa 1.500 frei fliegende Schmetterlinge.

Wer hier fotografieren will, sollte sich ganz ruhig verhalten, dann fliegen die fast handtellergroßen bunten Falter direkt an Ihnen vorbei und landen mit etwas Glück ganz in der Nähe auf einer der vielen tropischen Pflanzen, die hier Versteck und Lebensraum für die Insekten sind.

Der Star unter den bunten Schmetterlingen ist der große blaue Bananenfalter. In schillerndem Türkis schwebt er mit seinen bis zu neun Zentimeter langen Flügeln durch die 2.500 Quadratmeter große Halle. Setzt er sich auf eine Pflanze, müssen Fotografen schnell sein, denn die bläuliche Schönheit klappt meist rasch die Flügel zu und wird zum braunen Falter. Das Tier aus Mittelamerika ist perfekt an die Umgebung angepasst und wird so fast unsichtbar. Wenn da nicht der Augenfleck wäre, der aussieht, als beobachte der Bananenfalter, was um ihn herum passiert.

Zeigen Sie Ihren Kindern beim Blick in die „Puppenstube", wie aus einer Raupe eine Puppe und dann ein wunderbarer Schmetterling entsteht. Nach all den tropischen Eindrücken in der warmen Schmetterlingshalle lohnt sich ein Gang durch die weitere Ausstellung mit Insektarium, einer riesigen Insektensammlung in Schaukästen und daneben einer Terrarienabteilung mit Spinnen, Rieseninsekten und Echsen in einer abenteuerlichen Grotte.

Information: Schmetterlingsfarm Usedom, Wiesenweg 5, 17449 Trassenheide; Tel.: 038371-28218; www.schmetterlingsfarm.de
Öffnungszeiten: März–Okt. 10–19 Uhr, Nov.–Feb. 10–16.30 Uhr
Eintritt: 14 €, Kinder bis 14 Jahre 8 €, Familienkarte 28 €
Das Ticket ist gleichzeitig gültig für die Naturerlebniswelt Heringsdorf und die Eisen- und Glasgalerie Zinnowitz.
Anfahrt: Die Schmetterlingsfarm liegt direkt am Bahnhof Trassenheide. Von Wolgast/Zinnowitz/Bansin kommend (B111) fahren Sie Richtung Trassenheide, die Farm ist ausgeschildert. Großer Parkplatz vorhanden.

Im Spielzeugmuseum Kind sein

44

Ein kleines „Spielzeugmuseum" hat wohl jeder im Keller oder auf dem Dachboden. Liebe Erinnerungen an die eigene oder die Kindheit der Söhne und Töchter. Erhard Diller ist ein Mann anderer Dimensionen: Er hat im Spielzeugmuseum Peenemünde rund 50.000 Stücke aus drei Jahrhunderten gesammelt, teilweise repariert und ausgestellt.

An Spielzeugen hängen Erinnerungen und viele Emotionen: Die erste Puppe, die Carrera-Bahn, der Kaufmannsladen, der heiß ersehnte Lego-Kasten. Im Spielzeugmuseum Peenemünde drehen Sie die Zeit zurück und finden vieles fast Vergessene wieder: den klassischen Teddybären, Märchenfiguren, Modellautos und -eisenbahnen, Pittiplatsch, Cowboy- und Indianerfiguren sowie verschiedene Brettspiele.

Aber nicht nur Erwachsene, auch Kinder staunen hier, wenn sie sehen, womit ihre Eltern oder auch Oma und Opa gespielt haben. Einiges hat sich im Aussehen und in der Vermarktung über die Jahrzehnte verändert, ist im Prinzip aber gleich geblieben, Murmeln und Kreisel etwa. Anderes Spielzeug spiegelt einen bestimmten Zeitgeist wieder oder hat einen geschichtlichen Hintergrund. Erhard Diller ist es gelungen, auch diese Seite zu beleuchten: Spielzeug als Mittel, bestimmte Ideologien schon im Kinderzimmer zu verwurzeln. Selbst Kriegsspielzeug, dessen Produktion heute in vielen Ländern verboten ist, findet hier seinen Rahmen und eine Einordnung.

Als Besucher finden Sie immer wieder Details und einzelne Stücke, die in Ihrer persönlichen Geschichte eine Rolle gespielt haben könnten.

Information: Spielzeugmuseum Peenemünde, Museumsstraße 14, 17449 Peenemünde; Tel.: 038371-25656 oder 0172-4000376; www.usedom-spielzeugmuseum.de
Öffnungszeiten: tägl. 10.30–16 Uhr
Eintritt: 7 €, Kinder bis 14 Jahre 4 €, Kinder unter 3 Jahren frei

Anfahrt: B111, an der Kreuzung Bannemin Richtung Peenemünde. In Peenemünde an der ersten Kreuzung rechts in die Bahnhofstraße, dann links in die Museumsstraße abbiegen. Nach Peenemünde fahren Sie auch bequem mit der Usedomer Bäderbahn UBB. Von der Endhaltestelle sind es noch 300 m.

45 Historisch-Technisches Museum Peenemünde

Es gibt wohl kaum eine historische Stätte auf der Welt, in der Nutzen und Risiken technischer Entwicklung enger miteinander verflochten sind, als in Peenemünde. Wenn Sie wissen wollen, wie aus dem schrecklichen Raketenerbe Hitlerdeutschlands später die friedlichen Mondmissionen wurden, dann besuchen Sie das Historisch-Technische Museum auf der Insel Usedom.

Schon der lange Weg durch den teilweise dunklen Küstenwald, der ins Nirgendwo zu führen scheint, birgt etwas Geheimnisvolles. Den Nationalsozialisten galt die frühere Heeresversuchsanstalt als eines der bestgehüteten Geheimnisse.

Hier in Peenemünde wurde aus den Versuchen mit dem Aggregat 4, die als Rakete erstmals von der Erde aus an die Tür des Weltraums klopfte, später die berüchtigte V2, die Tod und Verderben aus großer Entfernung brachte und die spätere Hochrüstung durch Raketentechnik begründete. Aber die Entwicklung der Trägerrakete und ihre Pläne verhalfen 1969 der Menschheit auch dazu, erstmals den Mond zu betreten. Eine Nachbildung des berühmten schwarz-weiß karierten Flugkörpers kann auf dem Gelände bestaunt werden.

Peenemünde steht aber nicht nur für Raketentechnik: Das frühere Kraftwerk der Heeresversuchsanstalt beispielsweise ist mit seinen 1.000 Quadratmetern das größte Industriedenkmal in Mecklenburg-Vorpommern. Staunend, meist stumm, stehen Besucher vor diesem Backsteingiganten.

Insgesamt 25 Quadratkilometer groß ist das Museumsareal mit seiner Denkmal-Landschaft am nordwestlichen Zipfel Usedoms – das größte Flächendenkmal Deutschlands. Ruinen, die grausame, aber auch spannende Geschichten erzählen können, technische Geräte, die langsam verwittern, sind stumme Zeugen ihrer Zeit. Das Museum ist heute auch Internationale Begegnungs- und Kulturstätte und wurde 2002 für friedensfördernde Aktivitäten mit dem Nagelkreuz von Coventry ausgezeichnet. Dieses gilt als Zeichen der Versöhnung und des Friedens sowie als Symbol für eine gemeinsame Zukunft.

Information: Historisch-Technisches Museum Peenemünde,
Im Kraftwerk (Navi: „Bahnhofstraße"), 17449 Peenemünde; Tel.: 03837-15050; www.peenemünde.de/das-museum
Öffnungszeiten: Apr.–Sep. 10–18 Uhr, Okt.–März 10–16 Uhr.
In den Wintermonaten montags geschlossen.
Eintritt: 8 €, erm. 5 €
Anfahrt: Über Wolgast die B111 nach Usedom, dann über Trassenheide und Karlshagen nach Peenemünde. Das Museum ist ausgeschildert.

46 Auf der längsten Seebrücke Deutschlands wandeln

Sie ist schon gewaltig, die Heringsdorfer Seebrücke mit ihren langen Geländern und den pyramidenförmigen Aufbauten in der Mitte und am Kopf der Brücke. 508 Meter misst die imposante Konstruktion, die sich von den Dünen bis weit hinein in die Ostsee zieht. Damit ist sie die längste Seebrücke in Deutschland.

Heringsdorf gehört neben Bansin und Ahlbeck zum touristischen Verbund der drei Kaiserbäder. Was heute die Badewanne der Berliner und Tausender anderer Urlauber ist, war vor 200 Jahren noch ein kleiner Fischerort. Neukrug hieß Heringsdorf damals, 1820. Zu der Zeit war Preußenkönig Friedrich Wilhelm III. mit seinen Söhnen, darunter der spätere König Friedrich Wilhelm IV., zu Gast auf Usedom. Bei einem Ausflug zu den Fischern, die am Strand gerade Heringe aus den Netzen holten und einsalzten, gab der Kronprinz der kleinen Ansiedlung den Namen Heringsdorf. Von da an sollte der kleine Ort erblühen. Schon 1825 hatte Heringsdorf 113 Einwohner (!) und wurde offiziell Badeort.

Die erste Seebrücke Heringsdorfs war aus Holz, wurde 1893 fertiggestellt und war schon 500 Meter lang. Ein königliches Bauwerk mit dem Namen Kaiser-Wilhelm-Brücke. Sie hielt bis zum Zweiten Weltkrieg, verfiel und verschwand. 1995 entstand die neue Heringsdorfer Seebrücke. Jetzt aus Stahl, wieder über 500 Meter lang, davon 300 Meter überdacht. Das letzte Stück geht es „oben ohne", bevor Sie sich entscheiden können, ob Sie im Seebrückenrestaurant einkehren oder vom Schiffsanleger aus mit den Adlerschiffen auf Tour nach Swinemünde zur Hafenrundfahrt gehen. Einen tollen Ausblick hat man in jedem Fall: auf den mehr als 40 Meter breiten Sandstrand, der sich von Heringsdorf bis nach Peenemünde zieht, oder auf die Ostsee mit den vorbeifahrenden Schiffen am Horizont.

Zurück in Richtung Land warten mehr als drei Dutzend Geschäfte und weitere gastronomische Einrichtungen auf Ihren Besuch. Auf der Heringsdorfer Seebrücke können Sie sogar übernachten, mehrere Ferienwohnungen laden hier zum Erholen an einem der Hotspots der vorpommerschen Ostsee ein.

Informationen: Seebrücke Heringsdorf, Strandpromenade 1, 17424 Ostseebad Heringsdorf; Tel.: 038378-339677; www.heringsdorferseebrücke.de oder www.kaiserbaeder-auf-usedom.de

Anfahrt: Von Norden über die A20, Abfahrt Gützkow. Auf die B110 Richtung Anklam/Usedom, kurz vor Mellenthin auf die B111 Richtung Pudagla fahren und kurz hinter Pudagla Richtung Heringsdorf abbiegen. Von Süden über die A20, Abfahrt Pasewalk Süd. Auf die B109 bis Anklam/Usedom fahren, dann weiter auf der Insel die B110 nutzen, kurz vor Mellenthin auf die B111 Richtung Pudagla abbiegen und kurz hinter Pudagla Richtung Heringsdorf fahren.

47 Karpfen streicheln und Affen besuchen

Der Tierpark Ueckermünde hat eine ganz besonders familiäre Atmosphäre. Kinder lieben die im ganzen Park verteilten Spielplätze, sodass die Tiere für sie fast zur Nebensache werden. Auffallend sind auch die großen Gehege. Ein Höhepunkt ist sicher die begehbare Affenanlage. Seit 1962 gibt es den Tierpark, der zu den beliebtesten Ausflugszielen in der Region gehört.

Es ist gemütlich hier. Das Eingangsgebäude ist so freundlich gestaltet, dass Sie sich gleich willkommen fühlen. Etwa 400 Tiere rund 100 verschiedener Arten leben auf dem 18 Hektar großen Gelände. Direkt hinter dem Eingang befindet sich ein Teich, auf dem heimische Wildenten schwimmen. Ein paar Meter weiter lebt der Fischotter. Sie können ihm bei den Schaufütterungen zusehen, wie er frischen Fisch verputzt. In mehreren Gehegen mit vorwiegend einheimischen Tieren kann man direkten Kontakt zu den Bewohnern aufnehmen – wenn Sie wollen und die Tiere auch. Mit einem Tütchen Futter aus dem Automaten entwickeln Sie eine unwiderstehliche Anziehungskraft. Vorbei an Esel, Ziege und Hausschwein geht es direkt nach Afrika. Zu den Exoten, auf die man hier besonders stolz ist, gehören der König der Tiere, der Löwe, und seine Familie, aber auch Kamele, Papageien und verschiedene Affen. Besonders schön anzusehen sind die Mandrills: Mit ihrer mehrfarbigen Schnauze zählen sie zu den auffälligsten Tieren der Erde.

Ein Stück weiter lebt ein Tier, das inzwischen auch wieder außerhalb des Tierparks in Mecklenburg-Vorpommern heimisch ist: der Wolf. Das Raubtier in freier Wildbahn zu sehen, ist inzwischen zwar möglich, doch so nah wie hier im Park wird er sie nicht kommen lassen.

Im Südamerika-Bereich sehen Sie unter anderem Lamas zusammen mit Laufvögeln, nah dabei sind Wasserschweine, die mit unseren Meerschweinchen verwandt sind. Schauen Sie unbedingt auch im Aquarium des Tierparks vorbei: Hier können Ihre Kinder unter anderem Karpfen streicheln – wenn sie sich trauen!

Information: Tierpark Ueckermünde, Chausseestraße 76, 17373 Ueckermünde; Tel.: 039771-54940; www.tierpark-ueckermuende.de

Öffnungszeiten: Mitte März bis Ende Okt. 10–18 Uhr; Nov. bis Mitte März 10–15 Uhr

Eintritt: 9 €, Kinder (3 bis 15 Jahre) 4,50 €, Familienkarte (2 Erwachsene, 2 Kinder) 26 €

Anfahrt: A20, Abfahrt Pasewalk Nord, B109 bis Ferdinandshof, dann rechts Richtung Meiersberg, weiter Richtung Ueckermünde. Der Tierpark liegt direkt am Ortseingang, ausreichend Parkplätze vorhanden.

48 Durch den schönsten Garten des Landes spazieren

Zugegeben, „Garten“ ist hier etwas untertrieben. Wer selbst ein paar hundert Quadratmeter Garten pflegt, weiß genau, wie viel Arbeit dahinter steckt. Der Garten von Walter Kapron und Manfred Genseburg ist inzwischen 30.000 Quadratmeter groß und ein botanisches Juwel, das selbst Gartenmuffel begeistert und Gartenfreunden zahlreiche Anregungen für zu Hause gibt.

Dass ein Garten nur im Mai oder Juni seine Reize hat, ist ein absoluter Irrglaube – jedenfalls sieht man das in Christiansberg. Was 1982 mit einem Bauerngehöft inklusive Obstgarten und Teich begann, ist heute eine wunderschöne und abwechslungsreiche Parkanlage mit verschiedenen Themenbereichen, seltenen Pflanzen, hunderten Sorten Pfingstrosen und Magnolien. Und immer wieder muss man sich vor Augen führen, dass dies kein botanischer Garten eines wissenschaftlichen Instituts ist, sondern das Ergebnis jahrzehntelanger Leidenschaft zweier Herren, die sich hier einen Lebenstraum erfüllt haben.

Jahrelang galt Christiansberg als absoluter Geheimtipp. Viele Besucher kommen mindestens einmal im Jahr, weil es immer Veränderungen und neu umgesetzte Ideen zu sehen gibt. Sie treffen Walter Kapron und Manfred Genseburg meistens auch persönlich im Garten an, bei der Arbeit natürlich, aber Zeit für einen Plausch und Fachsimpelei gibt es eigentlich immer. Sofern es Ihnen nicht gerade die Sprache verschlagen hat vor lauter Bewunderung für die Farbenpracht und Formenvielfalt.

Christiansberg hat schon mehrere Preise für den schönsten Garten gewonnen – zu Recht. Bleibende Eindrücke sind garantiert – und vielleicht nehmen Sie einfach ein Stück Garten Christiansberg mit nach Hause. Selbstverständlich nicht aus den Beeten, aber im Topf und gut verpackt für die Heimreise. Der botanische Garten Christiansberg eignet sich für einen geruhsamen Tagesausflug in die Haffregion, rund drei Stunden können Sie einplanen. Einzige Einschränkung: Hunde sind im Garten nach vielen unschönen Erfahrungen nicht mehr erlaubt.

Information: Botanischer Garten Christiansberg, Christiansberg 123, 17375 Luckow; Tel.: 039775-20138; www.botanischer-garten-christiansberg.de
Öffnungszeiten: tägl. 9–20 Uhr
Eintritt: 5 €, Kinder bis 15 Jahre 2 €, Kinder unter 10 Jahren frei

Anfahrt: Christiansberg liegt in der Haffregion nahe Ueckermünde. Von Ueckermünde aus Richtung Altwarp, nach 10 km rechts Richtung Luckow. Von dort ausgeschildert. Von Eggesin aus Richtung Ahlbeck, von dort ausgeschildert.

49 Trabbi-Treffen auf dem Anklamer Flugplatz

Was in den Neunzigerjahren mit einer spleenigen Idee von ein paar Leuten anfing, die sich nach der Wiedervereinigung kein Westauto kaufen konnten oder wollten, ist heute das größte Internationale Trabbi-Treffen. Es findet einmal jährlich auf dem Flugplatz in Anklam im Landkreis Vorpommern Greifswald statt.

26 PS und eine Höchstgeschwindigkeit von 108 km/h – das sind die technischen Eckdaten des legendären Trabants. 1993 gründete sich in Anklam der Trabbi-Buggy-Club 93 e.V: ein Verein von Fahrern des „Volkswagens" der DDR. 1995 organisierten sie das erste Trabbi-Treffen, um mit möglichst vielen „Rennpappen" das Firmenlogo des Trabant-Herstellers von Sachsenring Zwickau zu bilden. Ziel war damals ein Eintrag ins Guinness-Buch der Rekorde. Fast 400 Trabantpiloten kamen, unter ihnen auch weitgereiste Gäste aus Norwegen, Ungarn oder Holland.

Inzwischen ist das Treffen Kult geworden und gehört zu Anklam wie die Geschichte von Flugpionier Otto Lilienthal. Immer um Himmelfahrt herum treffen sich heute Trabantfahrer, Sympathisanten und Menschen aus der Tuningszene, um mit ihren tiefergelegten Fahrwerken und hochgerüsteten Musikanlagen zu glänzen. Aus dem Teile- und Erfahrungsaustausch der ersten Jahre ist ein Familienfest mit vielen kleinen Events und Wettbewerben geworden. Eine Art Rockfestival mit Zweitakt-Rhythmus aus hunderten Trabant-Auspuffrohren, absolut sehenswert auch für Nicht-Trabantfahrer. Unterhaltsame Wettbewerbe unter den Trabantpiloten sorgen dafür, dass jedes Jahr mehr Zuschauer kommen. Wenn Sie noch nie einen Getriebeweitwurf, das kräftezehrende Trabant-Ziehen oder sexy Car Wash live gesehen haben, sollten Sie unbedingt zum nächsten Trabbi-Treffen auf den Anklamer Flugplatz kommen. Heute reisen nicht nur Trabantfahrer aus Mecklenburg-Vorpommern an, sondern ganze Familien aus Polen, Skandinavien, Ungarn, England, Irland und der Schweiz. Die Höhepunkte sind die gemeinsamen Ausfahrten und die Partys mit Live-Bands und verschiedenen DJs am Wochenende.

Information: Trabbi-Buggy-Club 93, Bergstraße 12b, 17389 Hansestadt Anklam; www.facebook.com/Trabbi-Buggy-Club-93-eV oder www.trabbi-buggy-club.de

Termin: Wochenende um Himmelfahrt – Aktuelles auf der Website

Eintritt: 10 €, Kinder bis 13 kostenlos, Tagesgäste 601 Cent.

Anfahrt: Den Flugplatz Anklam erreichen Sie über die A20, Abfahrt Neubrandenburg-Ost, dann B197 Richtung Anklam. Der Flugplatz liegt direkt am südlichen Ortseingang der Stadt.

50 Ein Museum der dramatischen Art erleben

Der Bunker Eichenthal wurde nicht als Museum gebaut. Er ist auch kein Erlebnisspielplatz für abenteuerhungrige Touristen. Er ist ein Stück DDR-Geschichte und ein ernst gemeintes und erschreckendes Bauwerk des Kalten Krieges.

Tief in der vorpommerschen Erde sollte nach einem möglichen Atomschlag der militärische Funkverkehr zwischen den Partnern des Warschauer Vertrages aufrecht erhalten werden. Unter meterdicken Stahlbetondecken und mitten im Wald verbirgt der Bunker jede Menge russischer Technik zur Nachrichtenübermittlung, aber auch Aggregate, Pumpen, Lüfter und Anlagen, die das Überleben im Kriegsfall sichern sollten.

Heutzutage ist der Bunker im Rahmen von Führungen zu besichtigen. Wenn Sie das Betonmonster betreten, wird es dunkel und mit jedem Schritt des in die Tiefe führenden Ganges kälter. Die dicke Stahltür am Eingang schließt sich. Ob man hier wieder rausfindet? Im Befehlston bestimmt der Museumsmitarbeiter, was als nächstes passiert und startet die multimediale Präsentation der Bunkerführung. Plötzlich sind Sie im Kalten Krieg angekommen und hören russische Kommandos.

Vorbei an Pumpen, Turbinen und riesigen Generatoren zur Stromversorgung der ehemaligen Funkanlage geht es zum Finale des technisch aufwendig inszenierten Rundgangs: in die Kommandozentrale. Ein riesiges Schaltpult mit unzähligen Knöpfen, Schaltern und Lämpchen. Plötzlich bebt der Boden, ein Countdown ertönt und die militärischen Kommandos aus den Lautsprechern im Raum werden hektischer. Irgendwo da oben hat es gerade eine gewaltige Bombenexplosion gegeben. Der Bunker hat sich geschüttelt. Aber es kann weiter gefunkt werden. Sofern noch jemand leben sollte außerhalb des Bunkers 302. Mit diesen Gedanken werden Sie wieder entlassen aus der feuchtkalten dunklen Bunkerhülle, der Inszenierung und der Führung im Museum der dramatischen Art. Wenn Sie sich trauen! Ein Ausflug für Menschen ohne Platzangst und solche, die den militärischen Ton des Personals als Teil des Konzeptes ansehen.

Information: Bunker Eichenthal, Eichenthaler Weg 7, 18334 Lindholz; Tel.: 038320-649866; www.bunker-302.de
Öffnungszeiten: geöffnet vom 15. März bis zum Ende der Herbstferien tägl. 10.30–18 Uhr (17 Uhr letzter Einlass)
Anfahrt: A20, Abfahrt Bad Sülze
Hinweis: Die Besichtigungen/Führungen werden in deutscher und in englischer Sprache durchgeführt. Nicht geeignet für Kleinkinder und Menschen mit Platzangst oder Anfallsleiden. Bitte achten Sie auf entsprechende Kleidung. Festes Schuhwerk und eine Jacke sind notwendig. Dauer der Besichtigung im Bunker: ca. 45–60 Minuten; Temperatur ganzjährig: ca. 12 °C

51 Abheben am Ursprung der Luftfahrt

Warum fallen Vögel nicht herunter, wenn sie ihre Flügel gar nicht bewegen? Wer auf diese Frage eine kindgerechte Erklärung vortragen kann, ist entweder Pilot oder kommt gerade aus dem Lilienthal-Museum in Anklam. Hier wird genau erklärt, wie ein Fluggerät der Schwerkraft trotzt.

Der Mann, der das herausgefunden und später mit seinem Leben bezahlt hat, war Otto Lilienthal, Anklamer und Flugpionier. 1848 wurde er in Anklam geboren. Er muss ein guter Beobachter gewesen sein, denn seine ersten Fluggeräte sahen so aus wie die Flügel der Vögel. Damit experimentierte er, sprang mit riesigen Flügeln von Hügeln und hielt sich bis zu 250 Meter weit in der Luft. Zehn seiner filigranen und fast schon kunstvoll aussehenden Gleitflieger sind im Museum zu sehen. Sie schweben an der Decke des größten Ausstellungsraumes und zeigen die verschiedenen Entwicklungsstufen der Fluggeräte.

„Die Physik des Fliegens ist gar nicht so einfach zu verstehen", sagte Lilienthal schon zu Lebzeiten. Hier im Museum wird, vor allem Kindern, mit einfachen Experimenten erklärt, auf welche unterschiedlichen Arten Heißluftballon, Gleitflieger oder Propellermaschine in die Luft kommen und auch da bleiben. Echte Fluggeräte aus der jüngeren Vergangenheit sehen Sie auf dem Außengelände des Lilienthal-Museums, dem „Aeronauticon" am Anklamer Flugplatz: einen DDR-Hubschrauber Ka-26, ein Agrarflugzeug und den legendären Doppeldecker AN2T. Wer mehr über die Maschinen wissen möchte, sollte sich für eine Führung anmelden. Und während sich die Großen auf Hubschrauber und Co. freuen, können die Kleinen auf dem Freigelände im Holzflugzeug klettern.

Noch mehr über die Fliegerei erfahren Sie in der Nikolaikirche. Sie soll bis zum Jahr 2020 zum IKAREUM, der Erweiterung des Museums werden.

Antenne MV TIPP

Verbinden Sie Ihren Besuch im Lilienthal-Museum mit einem Abstecher in die Kaiserbäder Heringsdorf, Bansin und Ahlbeck mit Wellness-Urlaub auf Usedom oder am Ostseestrand.

Information: Otto-Lilienthal-Museum, Ellbogenstraße 1; 17389 Anklam; Tel.: 03971-245500; www.lilienthal-museum.de
Öffnungszeiten: Juni–Sep. tägl. 10–17 Uhr; Mai, Okt. Di–Fr 10–17 Uhr, Sa, So 13–17 Uhr; Nov.–Apr. Mi–Fr 11–15.30 Uhr, So 13–15.30 Uhr
Eintritt: 4,50 €, erm. 3,50 €. Audioguide mit eigenem Handy/Tablet frei, Leihgerät 3 €
Anfahrt: aus Richtung Berlin A20, Abfahrt Pasewalk Süd, B109 Richtung Anklam. Dort erste Ausfahrt nehmen. Aus Richtung Westen A20, Abfahrt Jarmen, B110 Richtung Anklam, durch das Stadtzentrum hindurch. Das Museum liegt ca. 300 m vom Bahnhof entfernt. Parkplatz am Museum.

52 Den letzten Wikinger Mecklenburgs treffen

Unberührte Natur, seltene Tiere und Action der ganz besonderen Art finden Sie im Dorf Menzlin in der Nähe von Anklam. Menzlin liegt ein bisschen versteckt, kaum zu glauben, dass es im 9. und 10. Jahrhundert einer der größten Handelsplätze der Wikinger war. Unsere Vorfahren nutzten die Nähe von Peene und Ostsee, um mit ihren handwerklichen Produkten Handel zu treiben.

Heute gibt es hier keine Wikinger mehr. Nur einen. Rainer Vanauer heißt er. Ein Kerl, kräftig wie ein Baum, mit rauschendem Bart, langen Haaren und rauen Händen vom Arbeiten. Weil er sich schon immer für Archäologie und das Leben der Wikinger interessierte, hat er sich hier selbstständig gemacht, führt, oft im Kostüm des Wikingers, einen Kanuverleih und bietet Floßfahrten an, Geschichten über die Wikingerzeit inklusive. Wer möchte, wird von dem urigen Unternehmer mit einem Drink aus dem Trinkhorn begrüßt. Nach dem Met, dem berühmten Honigwein der Wikinger, geht es auf eine Führung durch das Alte Lager: Das Gebiet an der Peene, auf dem die Wikinger vor über tausend Jahren lebten, arbeiteten und starben. Davon zeugen die zahlreichen Bootsgräber. Außerhalb Schwedens sind sie sehr selten, auch deshalb ist Menzlin ein Hotspot für Geschichtsinteressierte. Mit den aus Stein gebauten Booten haben die Wikinger damals ihre Verstorbenen ins Reich der Toten gefahren. Ein hoher Stein am Bug, der aus Steinen symbolisierte Rumpf und ein größerer Stein am Heck. Stumme Zeugen vergangener Zeiten mitten im Wald bei Anklam.

Diese Geschichten und noch viel mehr erzählt Ihnen Ihr Guide auf der für Gruppen ab zwölf Personen angebotenen Tour „Auf den Spuren der Wikinger". Dazu kombinieren Sie noch eine Floß- oder Kanutour und werden mit Kesselgulasch oder Bratwurst versorgt. Auch im Programm: Axtwerfen und Bogenschießen. Für kleinere Gruppen oder Individualreisende gibt es verschiedene Angebote: geführte Floß- oder Kanutouren, Moorwanderungen oder die Biber-Entdeckungstour. Rainer Vanauer ist ein Geheimtipp, den auch Prominente zu schätzen wissen. Zu den berühmtesten Gästen beim Peene-Wikinger gehört Rammstein-Sänger Till Lindemann.

Information: Rainer Vanauer, Menzlin 65, 17390 Ziethen; Tel.: 03971-213273 oder 0160-5400390; www.kanuverleih-menzlin.de
Öffnungszeiten: Di–So 10–18 Uhr, Mo nur in den Ferien und an Feiertagen
Preise: je nach Tour unterschiedlich, Gruppe am besten anmelden

Anfahrt: B109 oder B110 nach Ziethen bei Anklam. In Ziethen Richtung Groß Polzin fahren, nach 4 km links nach Menzlin. Hier den Ausschilderungen zum Kanuverleih folgen. Nach ein paar hundert Metern auf einem schmalen Plattenweg erreichen Sie den kostenlosen Parkplatz.

53 Abtauchen in der Feldberger Seenlandschaft

Neben Tauchmöglichkeiten an der Ostseeküste finden Sie in der eiszeitlich geformten Feldberger Seenlandschaft Reviere, die sowohl unter als auch über Wasser einmalige Eindrücke garantieren. An den zahlreichen Seen gibt es mehrere Tauchbasen, die Profis und Anfängern die Schönheiten und Besonderheiten der Unterwasserwelt nahebringen.

Glasklares Wasser, umgeben von uralten Buchenwäldern, unberührten Wiesen und intakten Mooren – das macht den Naturpark Feldberger Seenlandschaft ganz im Südosten Mecklenburg-Vorpommerns aus. Beliebte Tauchreviere sind der Carwitzer See, der Schmale Luzin, der Haussee oder auch der Dreetzsee. Eine besonders schöne Tauchtour führt Sie beim Tauchcenter Feldberg auf den Schmalen Luzin. Der See ist sechs Kilometer lang, sehr schmal und bis zu 34 Meter tief. Die Tauchgänge – bis zu drei sind auf der achtstündigen Tour möglich – starten von einem elektrisch betriebenen Floß. Das bietet die Möglichkeit, von Land aus kaum zugängliche Gebiete zu erreichen und sich dabei in absoluter Stille fortzubewegen. Motorboote sind hier nämlich nicht erlaubt.

Vor allem in geringen Tiefen bis rund acht Meter präsentieren sich Wasserlandschaften mit einer atemberaubenden Vielfalt an höheren Wasserpflanzen, Muschelbänken, Süßwasserschwämmen, Wasserschnecken und dem einen oder anderen Raubfisch. An anderen Stellen sind es eher Findlinge, steinerne Zeugen der letzten Eiszeit, gekenterte Boote oder ins Wasser gestürzte Baumriesen. Unterbrochen werden die Tauchgänge vom obligatorischen Flaschenwechsel und kulinarischen Köstlichkeiten an Bord.

Für Anfänger bietet sich ein dreistündiger Schnupperkurs an. Die Ausrüstung wird gestellt, nach entsprechender Ausbildung in kleinen Gruppen durch versierte Tauchlehrer steht Ihrem ersten begleiteten Ausflug in die einmaligen Unterwasserlandschaften nichts mehr im Wege. Unterwasser-Erinnerungsfoto inklusive!

Auch an Land hat die Feldberger Seenlandschaft viel zu bieten, etwa die Heiligen Hallen, wie der älteste Buchenwald Deutschlands genannt wird. Oder Sie folgen den Spuren des Dichters Hans Fallada, der in Carwitz lebte.

Information: Tauchcenter Feldberg, Strelitzer Straße 18, 17258 Feldberger Seenlandschaft; Tel.: 0176-66602393; www.tauchcenter-feldberg.de
Öffnungszeiten: nach Wetter und Absprache

Preise: Schnupperkurs ab 39 €, Tagestour mit Floß ab 60 € pro Person
Anfahrt: A19, Abfahrt 18 Röbel/Müritz. B198 Richtung Mirow/Wesenberg. Nach gut 70 km links Richtung Feldberg. Ausschilderung Hotel „Deutsches Haus" folgen.

54 Dorsch, Hecht und grüne Gräten – Angeln in MV

Über 2.000 Seen, hunderte Kilometer Ostseeküste und jede Menge Flüsse – Mecklenburg-Vorpommern ist ein Anglerparadies. Egal ob Sie in der Elbe bei Dömitz auf Zander unterwegs sind, vor Warnemünde in der Ostsee Dorsche überlisten, im Kummerower See Aale angeln oder in der Peene Meterhechte ins Netz bekommen möchten, fast überall können Sie Ihre Angel auswerfen, und das sogar sehr unbürokratisch.

Speziell für Urlauber bietet Mecklenburg-Vorpommern den Touristenfischereischein. Im Gegensatz zum normalen Fischereischein brauchen Sie dafür keine Prüfung ablegen. Der Touri-Schein gilt vier Wochen und kann verlängert werden. Sie bekommen ihn an über 120 Stellen im Land. Empfehlenswert ist es, sich fachkundigen Rat bei einheimischen Anglern oder professionellen Guides zu holen. Letztere kosten zwar ein bisschen Geld, es verkürzt aber garantiert die Wartezeit auf den Lieblingsfisch und verlängert die gute Laune im Urlaub.

Wer auf typischen Ostseefisch wie den Dorsch aus ist, sollte eine Ausfahrt mit dem Angelkutter buchen. Die gibt es überall an der Küste, sie bieten Fanggarantie für Dorsche, Schollen oder Heringe. Oder stehen Sie eher auf den ausdauernden Drill eines Ostseelachses? Dann ist eine Lachstrollingtour von Rügen aus das Richtige. Die größten Hechte des Landes schwimmen in der Müritz oder in den Boddengewässern und die schwersten Zander an der Peenemündung oder im Brackwasser des Strelasunds, dem Gebiet zwischen Rügen und Stralsund. Nur im Frühjahr ist an der Ostsee der Hornhecht zu finden: schlank wie ein Aal, mit einem spitzen Schnabel wie ein Vogel und grünen Gräten. Ein großer Spaß an der Angel und eine Delikatesse in der Küche!

Information: Der Touristenangelschein – der „Führerschein" für Urlaubsangler – kostet 24 €, eine Ausgabestelle in Ihrer Nähe finden sie hier goo.gl/VM4sT9; Eine Liste mit den Angelgewässern, Fischbeständen und Anfahrtskarten gibt es auf der Seite des Anglerverbandes MV goo.gl/LepOgm; Kontakte zu Angelguides in Ihrer Urlaubsregion vermitteln die Touristen-Informationsbüros.

Mecklenburger Rippenbraten und Schwedenbecher essen

55

Eine regionale Spezialität, die sich wegen der aufwendigen Zubereitung längst nicht mehr auf allen Speisekarten findet, ist der berühmte Mecklenburger Rippenbraten. Herzhaft, fruchtig, kalorienreich – und sooooo lecker!

Der deftige Braten kommt ursprünglich aus den ländlich geprägten Regionen des Landes und war ein Schlachtgericht für die Wintermonate. Typisch für Mecklenburg ist die auf den ersten Blick ungewöhnliche Kombination von deftigem Schweinebauch mit Backpflaumen und Äpfeln.

Zubereitet wird der Braten aus einem großen Stück Schweinerippe. In eine Tasche in dem Bratenstück werden saure Äpfel, Backpflaumen, Semmelbrösel oder Zwieback, Zucker und etwas Zimt gefüllt. Diese Tasche wird zugenäht und der Braten kommt für mehrere Stunden in den Ofen.

Serviert wird Rippenbraten unterschiedlich – einige schneiden Scheiben samt Füllung herunter. Andere öffnen die Tasche wieder und reichen die fruchtige Füllung als Beilage – neben Rotkohl und Salzkartoffeln. Nach einem Restaurant mit echtem Mecklenburger Rippenbraten auf der Karte lohnt es sich zu suchen. Am besten schmeckt er nach einem herbstlichen Spaziergang.

Ostalgische Nachspeise gewünscht? Dann vielleicht den Schwedenbecher – der Name soll auf den Sieg der schwedischen Eishockey-Nationalmannschaft gegen die Bundesrepublik bei den Olympischen Winterspielen in Oslo 1952 zurückgehen. Der frühere DDR-Staatsratsvorsitzende Walter Ulbricht soll sich über die Niederlage der BRD so sehr gefreut haben, dass man seinen Lieblingsnachtisch aus Vanilleeis, Apfelmus, Eierlikör und Sahne Schwedenbecher nannte.

Gut bürgerliche mecklenburgische Küche finden Sie in kleineren und größeren Orten des Landes. Leckeren Rippenbraten gibt es z.B. im „Restaurant Alter Schwede“ in Wismar, in den „RathausArkaden“ in Rostock, im „Historischen Ratskeller“ in Waren/Müritz, in den „Mudder-Schulten-Stuben“ in Neubrandenburg oder in der Gaststätte „Tau Helga“ in Schwerin.

56 Wein vom nördlichsten Weinbaugebiet probieren

Ein wahrlich rarer Tropfen kommt aus dem Landkreis Mecklenburgische Seenplatte. Angebaut wird er auf den fünf Hektar des Schlossweinguts von Rattey und in der nördlichsten Weinbaustadt Deutschlands, Burg Stargard, die mit 0,25 Hektar zugleich das kleinste Weinbaugebiet in Deutschland ist.

Es klingt unglaublich, aber Weinbau hat in Mecklenburg eine fast 800 Jahre alte Tradition. Es waren die Zisterziensermönche, die den Weinbau mitbrachten, zunächst nach Schwerin, Güstrow und Neukloster. Vor 500 Jahren fanden weltliche Fürsten Gefallen am Weinbau und kultivierten die Reben auch in den hügligen Gebieten der Mecklenburgischen Seenplatte. Widrige Witterungsbedingungen und verbesserte Transportwege aus südlichen Gefilden brachten den Weinbau im Norden Mitte des 19. Jahrhunderts zum Erliegen. Um 1850 legte man den letzten mecklenburgischen Weinberg in Crivitz nahe Schwerin still. In der Kleinstadt erinnert heute nur noch die Weinbergstraße an die Zeit der mecklenburgischen Winzer.

Rund 150 Jahre später erlebte der Weinbau im Norden sein Comeback, als 1999 in Rattey die ersten Stöcke gesetzt wurden und zwei Jahre später die Winzer in Burg Stargard folgten. Sie läuteten die norddeutsche Weinbaurenaissance ein. Heute werden im Stargarder Land jährlich rund 30.000 Flaschen trockener und halbtrockener Weiß-, Rosé und Rotwein von Rebsorten wie Phoenix, Solaris, Müller-Thurgau und Regent gekeltert. Ein besonderer Tropfen ist der fassgelagerte „Eikspon“, der eine eingetragene Marke des größten norddeutschen Weinguts ist.

Schloss Rattey ist heute ein romantisches Hotel in einem malerischen Schlosspark mit 700-jährigen Eichen und pittoresken Wasserläufen – nicht nur für Hochzeitsfotos eine traumhafte Kulisse, das Schloss hat nämlich ein eigenes Standesamt.

Information: Schloss Rattey, Dorfstraße 21, 17349 Schönbeck/ OT Rattey; Tel.: 03968-255010; www.schlossrattey.de, www.mecklenburger-landwein.de
Veranstaltungen: Weinbergführungen und Verkostungen, im Juni Weinblütenfest, im September Winzerfest, im Oktober Ratteyer Weinlauf
Anfahrt: A20, Abfahrt 34 Strasburg, dann Richtung Rattey oder A20 Abfahrt 33 Friedland, dann Richtung Friedland/ Rattey.

57 Über sieben Berge Burg Stargard umrunden

Ein Blick vom Bergfried über die Burgenstadt im Tale des kleinen Flüsschens Linde scheint den Besucher in ein Mittelgebirge zu versetzen. Der Wanderweg über die sieben, den Ort schützenden Berghügel führt nicht nur zu den Sehenswürdigkeiten, sondern eröffnet auch abwechslungsreiche Aussichten über die Stadt, die der Herrschaft Stargard und dem Stargarder Land ihren Namen gab.

Über der Stadt thront die mittelalterliche Burg, die einzige erhaltene Höhenburg Norddeutschlands, die auch als ältestes weltliches Gebäude Mecklenburg-Vorpommerns gilt. Das Burggelände mit Vorburg und Hauptburg, dem alles überragenden Bergfried, den erhaltenen Burgtoren und dem sehenswerten Gebäudeensemble versetzen den Besucher direkt ins Mittelalter. Der weitläufige Burgpark, der detailgetreu angelegte Kraut- und Wurzgarten sowie der kleine Weinberg unterhalb des Bergfrieds mit seiner mittelalterlichen Pfahlerziehung laden zum Lustwandeln ein.

Schon 1508 wurde in Burg Stargard der erste Weinberg aufgerebt. Diese bis ins 19. Jahrhundert gepflegte Tradition setzt ein Winzerverein mit dem Weinbau auf der Burg und am Galgenberg seit 2001 erfolgreich fort. Rund 2.000 Flaschen Jahresproduktion weißer und roter Mecklenburger Landwein machen den Stargarder Wein zu einer großen Rarität. Im sehenswerten Burgenmuseum gibt die nördlichste Weinbauausstellung Deutschlands Einblicke in den Weinbau in Mecklenburg-Vorpommern und Norddeutschland.

Im August findet das Stargarder Burgfest statt: Hunderte Ritter, Burgfräulein, Gaukler, Händler und unzählige Komparsen erwecken ein Stück Landesgeschichte zum Leben. Im September gibt es den Altweibersommermarkt und am zweiten Advent verleben zahlreiche Gäste eine romantische Burgenweihnacht.

Vom Burgberg führt ein gut ausgeschilderter, rund sechs Kilometer langer Wanderweg über den Klüschenberg, vorbei an der Jugendherberge zum Galgenberg, Töpferberg, Scheunsberg, Denkmalsberg und schließlich zum Windmüllerberg, der einen schönen Abschiedsblick auf die malerische Kleinstadt gewährt.

Information: Burg Stargard, Burg 1–4, 17094 Burg Stargard; www.burg-stargard.de
Öffnungszeiten: März–Okt. tägl. 10–17 Uhr. Öffentliche Burgführung Sa, So, Feiertag jeweils 14 Uhr, Treffpunkt an der Kasse in der Vorburg. Persönliche Führung möglich, Anmeldung unter Tel.: 039603-25355.

Eintritt: Burgturm 2 €, Museum 2 €, Kombi-Ticket 3 €, öffentl. Führung 2 €
Anfahrt: A20, Abfahrt Neubrandenburg Ost, B104 Richtung Neubrandenburg, nach 8 km links Richtung Burg Stargard. Oder: A19, Abfahrt Waren/Müritz, B192 Richtung Neubrandenburg. In Neubrandenburg vom Ring auf B96 Richtung Neustrelitz, nach knapp 5 km links nach Burg Stargard.

58 Ausflug ins Mittelalter

Wenn Sie Ihr Handy ausschalten und sich die Autogeräusche aus der nahen City Neubrandenburgs wegdenken, sind Sie plötzlich im Mittelalter und an der im 14. Jahrhundert gebauten Stadtmauer unterwegs. Diese ist schwer zu überwinden, denn die Feldsteine sind zu einer bis zu sechs Meter hohen, enorm dicken Mauer verbaut.

Über die Mauer sollte damals auch niemand gelangen, es sei denn, er hatte an einem der vier Tore von Neubrandenburg seinen Zoll bezahlt und kam in friedlicher Absicht. Heute ist die Mauer nicht nur an den vier Toren für Fußgänger offen, sondern gewährt auch an weiteren Stellen Autos, Lkw und Umzügen Durchlass. Um die 1248 gegründete Altstadt und die vier Tore zu entdecken, parkt man am besten entspannt in den beiden Tiefgaragen unter einem Einkaufszentrum und startet von da seinen Ausflug.

Das Friedländer Tor, das Neue Tor, das Stargarder Tor und das Treptower Tor sehen Sie auf Ihrer Runde um die Altstadt. Jedes der ursprünglich hölzernen Tore hat seinen Reiz und seine Geschichte. Bis vor gut 150 Jahren bestand übrigens Torzwang – über Nacht waren die Tore geschlossen.

Bevor es auf den knapp drei Kilometer langen Fußmarsch um Europas älteste erhaltene Feldstein-Stadtmauer geht, sollten Sie den Stolz der Neubrandenburger, die Konzertkirche, anschauen. In den Backstein hat der finnische Architekt Pekka Salminen einen schwebenden Zuschauerraum aus Metall und Glas gezaubert, der einen fantastischen Blick und ausgezeichnete Konzertakustik bietet. Wer sich traut, kann in den Glockenturm steigen und von da aus tolle Fotos schießen.

Zurück zum Wall, der um die Stadtmauer gebaut wurde. Er diente damals zum Schutz vor Feinden. Heute bieten die darauf stehenden Bäume Sonnenschutz. Ein Hingucker sind die Wiekhäuser, die wie Schwalbennester an der Mauer hängen. Bei der Verteidigung der Stadt spielten sie eine bedeutende Rolle: Feinde wurden lange vor Erreichen der Mauer gesehen und konnten entsprechend empfangen werden. Heute finden sich in den Wiekhäusern kleine Vereine und Ateliers, gemütliche Kneipen und Läden.

Information: Tickets für die Konzertkirche bequem unter www.konzertkirche.de buchen.
Bemerkung: Schön essen kann man in der ganzen Stadt. Wer es urig mag: z.B. Gasthaus „Zur Lohmühle" am Stargarder Tor. Oder historisch Kaffee trinken, etwa im „Café im Friedländer Tor".

59 Die 1.000-jährigen Eichen in Ivenack besuchen

Die Ivenacker Eichen sind das einzige Nationale Naturmonument in ganz Deutschland. Seit rund 1.000 Jahren stehen sie hier in Ivenack. Die größte und mächtigste mit einem Stammdurchmesser von 3,5 Metern gilt als älteste lebende Eiche in Deutschland. Selbst ein großgewachsener Mann wie Forstwirtschaftsmeister Jörg Hellwig wirkt bei seinen unterhaltsamen Führungen neben ihr wie ein Zwerg.

Zahlreiche Sagen ranken sich um die Ivenacker Eichen. Eine erzählt, sieben abtrünnige Nonnen hätten einen Pakt mit dem Teufel geschlossen, um dem Klosterleben zu entkommen. Der Teufel stellte eine einzige Bedingung: Die sieben Nonnen dürften sich nicht umdrehen, bis sie das benachbarte Stavenhagen erreicht hätten. Teuflisch veranstaltete er aber hinter ihnen furchterregenden Lärm und merkwürdige Geräusche, sodass die Nonnen es nicht aushielten und eine nach der anderen doch einen Blick zurückwarf. Umgehend verwandelten sie sich in Eichen und stehen bis heute in der Nähe des früheren Klosters.

Dass die Bäume so alt werden konnten, hängt unter anderem mit der mittelalterlichen Nutzung des Geländes als „Hudewald“ zusammen. Hierhin wurde das Vieh getrieben. Die Tiere fraßen die nachwachsenden Bäume weg, sodass die schon größeren Eichen beste Bedingungen hatten. Vor 300 Jahren wurde ein Gehege für Damwild eingerichtet, das heute zusammen mit alten Hausschweinrassen die Aufgaben übernimmt. Vor allem zur Fütterungszeit können Sie die Tiere gut beobachten.

Obwohl die Baum-Greise so ein hohes Alter erreicht haben, unterlässt das Forstamt Stavenhagen alle künstlichen Eingriffe. Lediglich eine Absperrung sorgt für gegenseitige Rücksichtnahme zwischen Baum und Mensch: Sie verhindert Trittschäden an den stammnahen Wurzeln und ungesunde Bodenverdichtung. Gleichzeitig schützt sie Besucher vor herabfallenden Ästen. Die Ausmaße der Eichen in verschiedenen Altersstufen können Sie an beeindruckenden Modellen nachempfinden. Mehr zu den 1000-jährigen Eichen sowie den Tieren und Pflanzen zeigen ein Naturerlebnispfad und ein kleiner Pavillon im Tiergehege.

Information: Forstamt Stavenhagen, An den Tannen 1, 17139 Gielow; Tel.: 039957-2980; Gruppenführungen bitte anfragen unter reinhard.schumacher@lfoa-mv.de

Öffnungszeiten: ganzjährig rund um die Uhr

Eintritt Tiergarten: 4 €, Schüler ab 12 Jahren 2 €, Kinder unter 12 Jahren frei.

Anfahrt: von Stavenhagen B194 Richtung Basepohl. Nach gut 3 km rechts abbiegen, dann noch rund 2 km.

60 Auf Schliemanns Spuren in die Antike reisen

Ein Trojanisches Pferd in Ankershagen – in der Nähe des Müritzkreises? Passt historisch nicht zusammen? Doch! Denn hier in dem kleinen Dorf wuchs Heinrich Schliemann auf, der später für die Ausgrabung des sagenhaften Trojas berühmt wurde. Als gewiefter Geschäftsmann hatte er es zu einigem Reichtum gebracht und konnte damit seine Studien zur Antike finanzieren.

Das Pfarrhaus, in dem Schliemann mit seinen Eltern und Geschwistern in Ankershagen lebte, ist heute das einzige noch erhaltene Wohngebäude der Familie in Mecklenburg und der Standort des Schliemann-Museums. Bis zu seinem neunten Lebensjahr wohnt und lebt Heinrich Schliemann in der Dorfidylle. Doch den jungen Schliemann treibt die Sehnsucht nach der weiten Welt. Über Holland und Russland geht er nach Amerika, wo er bei einer Goldgräberbank reich wird. Mit nicht einmal 50 Jahren hat er genug Geld und Wissen gesammelt, um sich seinen Traum zu erfüllen, die sagenumwobene Stadt Troja zu finden. Zwei Jahre später entdeckt er bei Ausgrabungen tatsächlich den legendären „Schatz des Priamos".

Der Fund dieser wertvollen Stücke – unter anderem goldene Kelche, Knöpfe und Schmuck von unschätzbarem historischen Wert – brachte Schliemann weltweite Bekanntheit ein. Den Schatz schenkt Schliemann „dem Deutschen Volke zu ewigem Besitze und ungetrennter Aufbewahrung in der Reichshauptstadt". Nach dem Zweiten Weltkrieg verschwindet der Fund an einen geheimen Ort in Russland. Erst 1994 offenbaren die russischen Behörden deutschen Wissenschaftlern den Besitz des Schatzes und stellen ihn seitdem im Puschkin-Museum Moskau aus. In Ankershagen sind dennoch Originalfunde aus Troja zu sehen, außerdem hervorragende Nachbildungen des „Schatzes des Priamos" und der Königsgräber von Mykene. Außerdem findet man dort viele in Schliemanns Autobiografie beschriebene Orte wie die Kirche aus dem 13. Jahrhundert, das Grab seiner Mutter mit dem imposanten Grabkreuz oder das Hügelgrab „Goldene Wiege". Außerdem eine Nachbildung des Trojanischen Pferdes als beliebtes Spielgerät für Kinder.

Information: Schliemann-Museum, Lindenallee 1, 17219 Ankershagen, Tel.: 039921-3252; www.schliemann-museum.de
Öffnungszeiten: Apr.–Okt. 10–17 Uhr, montags geschlossen; Nov.–März Di–So 10–16 Uhr, Sa 13–16 Uhr. Einlass bis 30 min vor Schließung.

Eintritt: 4 €, erm. 3 €, Schüler bis 16 Jahre 2 €, Kinder unter 6 Jahren frei, Familienkarte 9 €
Anfahrt: A24, Abfahrt Waren, dann B192 Richtung Waren, durch Waren durch Richtung Penzlin/Neubrandenburg. In Möllenhagen hinter der Tankstelle Richtung Ankershagen abbiegen, von dort noch ca. 6 km.

61 Auf Burg Penzlin im Hexenkeller gruseln

Von außen ein schönes Backsteingebäude, im Inneren ein Hexenkeller. Auf Burg Penzlin finden sich gruselige Werkzeuge und düstere Wände, die schaurige Geschichten aus dem Mittelalter erzählen könnten. Die Burg ist Fachmuseum für Alltagsmagie und Hexenverfolgungen in Mecklenburg.

Die Penzliner Burg steht leicht erhöht zwischen Waren und Neubrandenburg. Gebaut wurde sie im ersten Viertel des 16. Jahrhunderts. Ihr dunkelstes Kapitel erfuhr sie im 16. und 17. Jahrhundert, zur Zeit der großen Hexenprozesse in Europa. Damals wurde der bekannte Folterkeller tief unter der Burg eingerichtet. Nach einer Folterprozessordnung wurden hier von Frauen, Männern, aber auch Kindern Geständnisse erzwungen. Wer die Torturen überlebte, wurde ins Hexenverlies sieben Meter unter der Erde gesperrt. Es ist einerseits gruselig, die schmerzhaften Folterinstrumente im Keller der Burg anzuschauen, andererseits aber auch interessant zu erfahren, nach welchen Regeln und mit welchen Zielen die Hexenverfolgung ablief. Darüber können Sie sich im oben liegenden Museum informieren.

Sehenswert ist zudem die Schwarzküche, in der große Töpfe über offenem Feuer hingen. Der riesige, zwölf Meter hohe Rauchfangmantel, dessen Wände über die Jahre schwarz geworden sind, ist in Norddeutschland einzigartig.

Lauschen Sie außerdem den auf der Burg lebenden Fledermäusen. Es ist beeindruckend, die mit Hilfe technischer Möglichkeiten sonst für das menschliche Ohr nicht wahrnehmbaren Schreie zu hören.

Information: Burg Penzlin, Warener Chaussee 55a, 17217 Penzlin; Tel.: 03962-210494; www.alte-burg.amt-penzliner-land.de
Öffnungszeiten: Mai–Aug. tägl. 10–18 Uhr; Apr., Sept., Okt. tägl. 10–17 Uhr., Nov.–März eingeschränkter Museumsbetrieb
Eintritt: 5 €, Kinder ab 6 Jahre 3 €
Anfahrt: A19, Abfahrt Waren, B192 Waren, Richtung Neubrandenburg. Ca. 30 km östlich von Waren liegt Penzlin.

Traditionelle Fischerei auf dem Welshof Schliemann

Schon vor 5.000 Jahren wurde mit Harpunen, Speeren oder auch mit Netzen gefischt, Techniken, die sich teilweise bis in die Gegenwart gehalten haben. Auf dem Welshof in Faulenrost wird die Fischerei seit mehr als 80 Jahren im Familienbetrieb gelebt.

1935 fing die Fischerfamilie um Henny und Fritz Schliemann an, im Rittermannshagener See und der Ostpeene Fische zu fangen. Ein 2,20 Meter langer Wels aus dem eigenen See gab der Fischerei später den Namen „Welshof". Die Familie schaffte es, mit der Fischerei über Krieg, Bodenreform und DDR-Planwirtschaft zu kommen und den Welshof auch in der Marktwirtschaft erfolgreich zu führen. Heute können Sie den Fischern beim Ausladen und Sortieren des Fangs, bei der Pflege der Fanggeräte oder beim Räuchern zuschauen. Wer selber angelt, bekommt hier seine Angelkarte für die von der Familie bewirtschafteten Seen und Tipps, welcher Fisch gerade beißt. Aale, Hechte, Schleie, Barsche, Karpfen, Zander und Welse können Sie entweder auf dem Welshof einfrieren oder vom Räuchermeister frisch räuchern lassen.

Antenne MV TIPP

Das Fischerfest, immer am ersten Juni-Wochenende, zählt zu den kulturellen Höhepunkten der Region.

Ein Bootsausflug ist in jedem Fall ein Erlebnis, selbst wenn die Fische nicht beißen. Und den Fisch bekommen Sie kaum irgendwo frischer auf den Teller. Der Zander, der morgens noch im See schwamm, liegt mittags auf dem Teller im Restaurant „Zum Fischer Fritz". Es wurde vom „Feinschmecker" 2010 zu einem der besten Fischrestaurants in Deutschland gekürt und hat seinen Namen vom Gründervater der Fischerei in Faulenrost, Fritz Schliemann.

Information: Welshof Schliemann, Dorfstraße 3, 17139 Faulenrost; Tel.: Büro: 039951-2212, Tel.: Restaurant: 039951-2135; www.welshof.de

Anfahrt: A19, Abfahrt Waren, B192 Richtung Waren. In Waren auf die Gievitzer Straße Richtung Gielow. Nach 18 km erreichen Sie die Gemeinde Faulenrost.

63 Auf den Spuren der Slawen in Neustrelitz

Die Slawen waren schon einfallsreiche und begabte Menschen. Im Mittelalter bewohnten sie unser wunderschönes Land – vorzugsweise auf Inseln, an Seen und in Sumpfgebieten. Hier bauten sie ihre Burgen und Ansiedlungen so, dass die Eingangsbrücken über natürliche Hindernisse führten. Kamen Feinde, wurden die Brücken aufgenommen und die Gegner versanken im Sumpf oder ertranken im Wasser.

Vom 7. bis 12. Jahrhundert haben die Slawen hier bei uns im Land gelebt, gearbeitet und Familien und Dörfer gegründet. Noch heute zeugen einige Ortsnamen davon: Pelsin, Vipperow oder Zirkow etwa gehen auf slawische Begriffe zurück. Seit 1994 erinnert das Slawendorf Neustrelitz lebhaft an die vergangene Kultur. Ein dicker Zaun aus 1.400 Baumstämmen umgibt das Gelände, zur Wasserseite begrenzt ein 200 Meter langer Flechtzaun das Dorf. Hier erleben Sie den Alltag der Slawen, wie sie gelebt und gearbeitet haben: Feuer machen, kochen, Tiere füttern, das Feld bestellen, Brot backen, aber auch künstlerisches Handwerk. Außerdem finden Sie zahlreiche typische Gebäude, Unterstände und Einrichtungen aus der Zeit unserer Vorfahren.

Mitmachen ist erwünscht: In den acht Gewerken Schnitzen, Flechten, Schmieden, Töpfern, Specksteinschleifen, Filzen, Weben und Kerzenziehen können große und kleine Gäste aktiv werden und ein eigenes Andenken schaffen. Damit der Spaß nicht zu kurz kommt, können die Kinder zwischen ihren „Handwerkstätigkeiten" auch mal auf den Spielplatz gehen und toben.

Ein paar Meter weiter gibt es einen Imbissstand gegen den kleinen Hunger, wo Sie Gegrilltes, zünftige Suppen oder Schmalzstullen bekommen. Vom zwölf Meter hohen Wachturm haben Sie eine tolle Sicht auf das Gelände und entdecken eine der Hauptattraktionen: das Slawenboot „Nakon". Es liegt zur Fahrt auf dem Zierker See bereit, und Kinder dürfen zur Unterstützung kräftig mitpaddeln. Zurück an Land schauen Sie sich noch die Ausstellung in der Kulthalle an, in der Sie unter anderem die Nachbildung eines slawischen Bootes finden.

Information: Slawendorf Neustrelitz, Franzosensteg, 17235 Neustrelitz; Tel.: 03981-237545

Parken: Direkt vor dem Eingang befindet sich ein Parkplatz.

Anfahrt: Über die A19 Abfahrt Röbel, auf die B198 über Mirow und Wesenberg nach Neustrelitz; von der A20 Abfahrt Neubrandenburg Ost über die B96 bis Neustrelitz.

64 Unberührte Natur vom Wasser aus erleben

Die Kleinstadt Mirow – was Ruhe oder Frieden bedeutet – liegt am Südende des Mirower Sees und ist ein idealer Einstieg in die vielfältige Seenlandschaft. Der Mirower See ist über eine Kette von kleineren und größeren Seen, Flüssen und Kanälen mit der Müritz, dem größten See des Landes, verbunden. Die Kleinseenplatte ist das größte vernetzte Seengebiet Mitteleuropas.

Darf es ein Kajak, ein Canadier, ein Tret- oder gar ein Drachenboot sein? Sitzen Sie lieber allein im Boot oder mit der ganzen Familie? Rolf Stamm und sein Team finden garantiert das Passende. Anfänger bekommen eine fachkundige Einweisung. Und das nicht nur, um überhaupt vorwärts zu kommen, sondern auch, um die Natur zu schonen. Wasserwandern im Nationalpark ist etwas Wunderschönes – und das soll es auch in den nächsten Jahrzehnten bleiben.

Die Kanustation Mirow bietet verschieden lange Touren. Ein paar Stunden Schnuppern ist genauso möglich wie mehrtägige Fahrten mit Camping-Übernachtungen. Die Weite der vielen Seen bezaubert, auf teilweise engen Kanälen könnte man schwören, dass hier noch nie ein Mensch war. Eisvogel, Fischadler, Reiher, Otter leben hier – und wer ein bisschen Glück hat, bekommt sie auch zu sehen. Kanufahren ist sehr beliebt in der Seenplatte. Aber abgesehen von Schleusen oder sehr engen Kanälen trifft man eher selten auf andere Paddler.

Antenne MV TIPP

Sehenswert sind unbedingt die Skulpturen auf dem Gelände der Kanustation. Holger Benthins Ameisen zur Begrüßung, Raik Vincents Großskulpturen aus Holz oder Uwe Böttchers schmiedeeiserne Kunstwerke.

Toller Service für Mehrtagestouren: Vom Team der Kanustation Mirow gibt es Packlisten mit wertvollen Tipps und immer gerne auch den einen oder anderen Ratschlag in Sachen Wetter und Übernachtungsmöglichkeiten.

Information: Kanustation Mirow, An der Clön 1, 17252 Mirow; Tel.: 039833-22098; www.kanustation.de

Öffnungszeiten: März–Okt. tägl. 9–19 Uhr

Kosten: Je nach Bootsart und Dauer, z.B. 2er Kajak für vier Stunden: 20 €

Anfahrt: Mirow liegt an der B198. A19, Abfahrt 18 Röbel/Müritz, dann auf der B198 Richtung Neustrelitz noch gut 25 km.

65 Auf der Wisentinsel urigen Tieren begegnen

Der Wisent ist das größte Landsäugetier Europas. Alte Bullen bringen gut und gern 900 Kilo auf die Waage, vom Kopf bis zum Schwanzansatz messen sie bis zu drei Meter, und die Widerristhöhe reicht an die 1,90 Meter heran. Trotz ihrer Masse erreichen sie im Sprint 60 km/h und springen über bis zu zwei Meter hohe Hindernisse.

Eigentlich unvorstellbar: Alle heute auf der Welt lebenden Wisente gehen auf zwölf Urahnen zurück. Vor knapp hundert Jahren war das Wisent durch intensive Bejagung so gut wie ausgestorben. Es gab noch 56 Tiere, von denen aber nur zwölf für die Zucht geeignet waren. Seit 1957 ist die Halbinsel Damerower Werder Wisentreservat – gestartet mit zwei Wisenten, die Polen der damaligen DDR zum Zuchtstart schenkte. Heute leben hier 30 bis 35 Tiere in über 300 Hektar Wald. Ein großer Teil des Geländes ist seit mehr als 50 Jahren komplett frei von menschlichen Eingriffen. Das bedeutet auch, dass das Reservat nicht hermetisch abgeschlossen ist. Wildtiere werden nicht durch Zäune abgehalten, sie haben freien Zugang zum Gelände. Ein spezieller Managementplan sorgt auf der anderen Seite dafür, dass die Wisente die Halbinsel nicht verlassen. Dieses Konzept ist einmalig in Deutschland.

Direkt am Reservat gibt es für Groß und Klein allerhand zu erleben: Ein Walderlebnispfad bringt Fledermäuse und Ameisen näher, Baumparcours, Balancierstrecken, Kletterwald, Seilbahn und Rutschen lassen den Tag auf dem Damerower Werder auch für Familien garantiert nicht langweilig werden. Die Wisente bekommen übrigens zweimal täglich Futter: Um 11 Uhr und um 15 Uhr. Besucher haben es da etwas komfortabler: Das Restaurant ist durchgängig geöffnet.

Die Anlage ist hervorragend in die Natur eingepasst. Mit etwas Glück kann man eine Wisentherde beobachten, während man selbst eine Schiffsfahrt auf dem Kölpinsee unternimmt. Das gibt es weltweit nur am Damerower Werder. Während des Kranichzuges im Herbst ist das Ufer am Schaugatter ebenfalls einen Ausflug wert. Ein Info-Zentrum bietet alles Wissenswerte zu Wisenten, Natur und Forstwirtschaft.

Information: Wisentreservat Damerower Werder, Zum Werder 5a, 17194 Jabel/OT Damerow; Tel.: 039929-76711; www.wisentinsel.de
Öffnungszeiten: Juni–Sep. 10–20 Uhr, Ostern–Ende Mai 10–18 Uhr, Nov. 10–17 Uhr. Fütterungszeiten 11 Uhr und 15 Uhr.
Eintritt: 4 €, Kinder bis 12 Jahre frei
Anfahrt: Bahn: Bahnhof Jabel, dann noch 3 km Fußweg. Auto: A19, Abfahrt 16 Malchow. Von dort noch rund 20 km Richtung Teterow über Silz und Jabel.

66 Per Draisine durch den Naturpark

Sanfte Hügel, ursprüngliche Dörfer, Flüsse und Seen, vielfältige Natur – und dazu verträumte Gutshäuser, märchenhafte Schlösser und zauberhafte Parks – das ist charakteristisch für die Mecklenburgische Schweiz. Zu den imposanten Bauten der Region gehört die Kloster- und Schlossanlage Dargun. Nach einem Großbrand am Ende des Zweiten Weltkrieges wird sie seit 1990 saniert und kann besichtigt werden.

Vom Bahnhof Dargun aus haben Sie die Möglichkeit, zu einem Abenteuer in den Naturpark Mecklenburgische Schweiz zu starten. Sie fahren – aber ohne Lärm und Abgase, sondern mit reiner Muskelkraft. Mit der Draisine geht es eine alte Bahnstrecke entlang, inklusive historischer Bahnhofsgebäude, die teilweise wieder genutzt werden.

Nach kurzer, freundlicher Einweisung in die Draisinentechnik können Sie Ihre Erlebnistour starten. Maximal vier Leute passen in das 70 Kilo schwere Schienengefährt. Die Tour nach Salem direkt am Kummerower See ist knapp 17 Kilometer lang, dann wird gewendet. Unterwegs gibt es sowohl Rastplätze als auch Badestellen und ein Café.

Die Strecke führt durch lauschige Wälder, an Feldern, Seen und alten Bahnhöfen vorbei. Sehr spektakulär: die Grüne Hölle. Hier ist die Strecke auf etwa einem Kilometer so zugewachsen, dass Sie quasi einen Tunnel passieren. Sie können nach Belieben anhalten oder auch umdrehen. Überholen? Kein Problem, tauschen Sie einfach die Draisine mit dem Vordermann!

Vor allem im Sommer wichtig: Badesachen nicht vergessen! Die Peene liegt auf dem Weg und auch der Kummerower See – immerhin mit über 32 Quadratkilometern Fläche unter den Top Ten der großen deutschen Seen. Sein Ostufer gehört zum Landesteil Vorpommern, sein stark verschilftes Westufer zu Mecklenburg. Ihr Zielort Salem ist der einzige Fleck an der Westseite, von dem aus man direkt ans Wasser kommt.

Information: Naturpark-Draisine Dargun, Bahnhofstraße 1a, 17159 Dargun; Tel.: 039959-27804; www.naturpark-draisine.de
Öffnungszeiten: Apr.–Okt., Ausleihe 9–11 Uhr, Rückgabe bis 18 Uhr
Kosten: 40 € pro Tag und Draisine. Die ausleihende Person muss mindestens 18 Jahre alt sein und einen Personalausweis vorlegen.
Anfahrt: Dargun liegt am Nordrand der Mecklenburgischen Schweiz in der Nähe des Kummerower Sees an der B110. Über die Autobahn entweder von Westen kommend A20, Abfahrt Tessin, von Osten A20, Abfahrt Jarmen oder von Norden A20, Abfahrt Grimmen Ost.

67 Im Arche-Park über biologische Vielfalt staunen

Hier sind die Ungarische Lockengans, das Cachena Rind oder das schwarze Zackelschaf zu Hause. Der Haustierpark Lelkendorf sorgt sich um den Erhalt und die Weiterzucht der ältesten Nutztierrassen der Welt. Gründer Dr. Jürgen Güntherschulze hat sich jahrzehntelang in Indien für den Tigerschutz stark gemacht, hat geholfen, Haustiere aus Kriegsregionen zu retten und hat hier am Rande des Naturparks Mecklenburgische Schweiz – Kummerower See eine Arche geschaffen.

„Zuchtzentrum für seltene und gefährdete Haus- und Nutztierrassen“ steht zur Begrüßung auf dem großen Schild am Eingang. Und damit ist klar, dass Sie Tiere antreffen werden, die Sie vielleicht noch nie gesehen, von denen Sie möglicherweise sogar noch nie etwas gehört haben! 2012 wurde dem Haustierpark Lelkendorf – einmalig in Mecklenburg-Vorpommern – der Titel „Archepark“ verliehen, eine große Anerkennung der hier geleisteten Arbeit. Bundesweit gibt es nur achtzehn Parks, die die strengen Kriterien für diesen Titel erfüllen.

Der rund zwei Kilometer lange Weg durch den Park startet beim Federvieh, wo das japanische Seidenhuhn Rätsel aufgibt, wo eigentlich vorn und hinten ist. Weiter geht es zu den Schafen und Ziegen: mit enorm langen verdrehten Hörner wie zum Beispiel das Ungarische Zackelschaf oder die aus Italien stammende „Mafia-Ziege“ (Girgentanaziege) – oder auch ganz ohne, wie das Rhönschaf. Zu den Highlights gehört das begehbare Ferkel-Gehege. Nutztiere wie Schweine sind den Menschen sehr zugewandt – auch eine Eigenschaft, die alte Haustierrassen deutlich stärker zeigen als Tiere, die für die industrielle Großproduktion gezüchtet sind. Und wo kann man schon Wollschafe kraulen oder mit süßen Ferkeln kuscheln? Zum Schluss treffen Sie bedrohte Pferde- und Rinderrassen wie das Exmoor-Urpony oder das imposante Portugiesische Cachena-Rind. Natürlich findet sich für die Kleinen auch ein Spielplatz – wenn sie denn aus dem Streichelgehege wieder herauskommen. Vielleicht können Sie den eigenen Nachwuchs ja mit frischem, selbstgebackenem Obstkuchen locken, der nebenan im Haustierpark-Kiosk neben anderen Leckereien und Getränken regelmäßig angeboten wird.

Information: Haustierpark Lelkendorf, Peeneweg 26, 17168 Lelkendorf; Tel.: 039956-29509; Mobil: 0173-2441366; www.haustierpark-lelkendorf.de
Öffnungszeiten: ganzjährig, tägl. ab 9 Uhr

Eintritt: 6 €, Kinder 3 bis 14 Jahre 2 €, Parken kostenlos
Anfahrt: Lelkendorf liegt zwischen Teterow und Dargun. Anfahrt z.B. A20 Abfahrt Tessin, B110 nach Dargun und über Neukalen nach Lelkendorf.

68 Beim Rennen um den Bergringpokal mitfiebern

Etwa am geographischen Mittelpunkt Mecklenburg-Vorpommerns befindet sich Europas größte Naturgrasbahn für Motorsport: der Teterower Bergring. Das Bergringrennen gehört zu den Motorsport-Highlights des Landes. Ein internationales Teilnehmerfeld kämpft hier jedes Jahr zu Pfingsten um das Grüne Band und den Bergringpokal.

Die Formel 1 hat Monaco, die Grasbahnspezialisten haben Teterow. Es gibt wohl keinen Motorsportler in Europa, der den Bergring mit seinen Besonderheiten nicht kennt. Der Bergring hat Hügel, Kurven, ist bewachsen mit frischem und je nach Wetter auch feuchtem Grün. Wer bremst, hat Angst – das gilt für die Fahrer auf dem Bergring ohnehin. Sie sind zwar im Schnitt mit fast 120 und in der Spitze bis 160 Kilometern pro Stunde unterwegs, bewältigen Steigungen von bis zu 16 und Gefälle bis 14 Prozent – über Bremsen verfügen die Maschinen allerdings nicht.

Seit 1930 finden die Grasbahnrennen auf dem knapp 1,9 Kilometer langen Kurs statt, Generationen hat das Bergring-Virus infiziert. Wenn der Startschuss aus der Pistole erfolgt, die bunte Schar der Fahrer im Pulk angeschossen kommt, die Wolke aus Abgasen die Luft vernebelt und das Knattern kilometerweit zu hören ist, tobt es auf der Tribüne vor Begeisterung.

Aber nicht nur Grasbahnspezialisten kämpfen um den Sieg, inzwischen gibt es auch Pokale bei Quad-Wettbewerben, für Beiwagen- und Speedway-Fahrer, letztere gleich neben dem Bergring mit eigener Speedway-Bahn.

Information: MC Bergring Teterow e.V., Appelhäger Chaussee 1, 17166 Teterow; Tel.: 03996-172935; bergring-teterow@gmx.de
Öffnungszeiten: Jedes Jahr am Pfingstwochenende

Eintritt: zwischen 10 und 37 €, bei Wochenend- und Kombikarten gibt es Rabatte
Anfahrt: A19, Abfahrt Teterow, B104 bis Teterow, gleich hinter dem Ortseingang links abbiegen und die Appelhäger Chaussee bis zum Bergring fahren.

Sich Güstrow bei Nacht zeigen lassen

69

Jeden Freitagabend, wenn die Dämmerung hereinbricht, erscheint am Rathaus der Nachwächter, der Ihnen die historisch bedeutenden Orte der Stadt auf seine ganz besondere Art näherbringt. Wie im Flug vergehen anderthalb Stunden. Aber Güstrow hat auch tagsüber einiges zu bieten – von historischen Gebäuden über Kunstschätze bis zu waghalsigen Motorsportpiloten.

Das Güstrower Schloss gehört zu den bedeutendsten Renaissancebauten in Norddeutschland. Es entstand im 16. Jahrhundert, nachdem Teile der ursprünglichen Güstrower Burg niedergebrannt waren. Genauso sehenswert wie das Museum im Güstrower Schloss ist der Schlosspark, der als Renaissancegarten angelegt und schon zu DDR-Zeiten umfassend restauriert wurde.

Seit 2006 trägt Güstrow den offiziellen Beinamen „Barlachstadt". Der Bildhauer, Zeichner und Schriftsteller Ernst Barlach hat hier fast 30 Jahre gelebt. Im Güstrower Dom finden Sie eines seiner bekanntesten Werke: „Der Schwebende". Die Skulptur gehört der Ernst Barlach Stiftung, die den Großteil des Nachlasses verwaltet und die Barlach-Museen betreut – das Atelierhaus, das Ausstellungsforum und die Gertrudenkapelle.

Neben Kunst, Kultur und Geschichte ist der Motorsport das Aushängeschild der 30.000-Einwohner-Stadt. Das Speedwaystadion liegt etwas außerhalb im Südosten der Stadt und zieht zu mehreren Events jährlich Tausende Besucher an. Absoluter Höhepunkt ist der traditionelle Pfingstpokal – und nicht nur die Fahrer schwärmen von einer beeindruckenden Kulisse, die sie immer wieder zu sportlichen Höchstleistungen antreibt.

Information: Schloss Güstrow, Franz-Parr-Platz 1, 18273 Güstrow; Tel.: 03843-7520; www.museum-schwerin.de/schloesser-galerie/schloss-guestrow/; Barlach-Stiftung und -Museen: www.ernst-barlach-stiftung; Dom („Der Schwebende"): www.dom-guestrow.de; Speedway: www.mcguestrow.de

Öffnungszeiten: Di–So 11–17 Uhr, bei Sturm geschlossen

Eintritt: 6,50 €; erm. 4,50 €, Kinder und Jugendliche bis 18 Jahre frei

Anfahrt: A19, Abfahrt Güstrow, B104 Richtung Güstrow. Nach 8 km die nach rechts abknickende Bundesstraße verlassen, geradeaus weiter auf Plauer Chaussee und Plauer Straße bis zum Schloss.

70 Mit den Wölfen heulen im Wildpark MV

Der Wolf breitet sich in Mecklenburg-Vorpommern seit geraumer Zeit wieder aus. Vor allem auf stillgelegten Truppenübungsplätzen finden die Tiere ideale Reviere. Einem Wolf in freier Natur zu begegnen, ist allerdings äußerst unwahrscheinlich. Um Wölfe und andere ursprünglich heimische Raubtiere zu sehen, fahren Sie besser nach Güstrow.

Eine Raubtier-WG? Genau das ist das Highlight im Wildpark MV. Wölfe, Bären, Luchse und Wildkatzen leben hier gemeinsam. Und zwar ziemlich komfortabel: Die Bären haben einen eigenen Pool (Badesee), die Wildkatzen ihre Dachterrassen (ausreichend Bäume mit entsprechenden Beobachtungsplätzen) und die Wölfe streifen durch ihr ausgedehntes Revier. Als Besucher sind Sie mittendrin! Möglich machen das unter anderem Wolfshöhlen und Wurzeltunnel, aber auch Holzbrücken und Kletterpfade über und durch die Gehege von Wolf und Luchs.

Nicht nur über, auch unter Wasser geht es hier wild zu. Der Aqua-Tunnel ist bei Weitem kein großes Aquarium. Sie tauchen quasi mit den Fischen und stehen – völlig trocken – im Fluss, Wasser und Himmel über sich. Wenn Sie glauben, heimische Fische sind langweilig und nicht besonders schlau, waren Sie noch nie im Wildpark MV mit seinen meterlangen Monster-Welsen, mit hübschen Rotfedern oder frechen Flussbarschen.

Was es mit Motten- und Läusekraut auf sich hat, was Kuckucks-Lichtnelken mit dem Vogel zu tun haben und welche unglaublichen kleinen Tiere in unscheinbaren Wassergräben leben – auch das hat der Wildpark spannend aufbereitet.

Das vom Fluss Nebel durchzogene Gelände mit seinen Anlagen, Besucherzentrum, Streichelzoo und Spielplätzen ist rund 200 Hektar groß. Im Schnitt bleiben die Besucher rund sechs Stunden. Tendenz steigend, denn der Wildpark MV setzt beständig neue Ideen um, sodass es immer etwas zu entdecken gibt. Und wer einmal einen ganz anderen Blick auf dieses einzigartige Naturerlebnis sucht: Für Gruppen sind geführte Rad- und auch Kanutouren auf der Nebel im Angebot.

Information: Wildpark MV, Primerburg (für Navi), 18273 Güstrow; Tel.: 03843-24680; www.wildpark-mv.de
Öffnungszeiten: März 9–18 Uhr, Apr.–Okt. 9–19 Uhr, Nov.–Feb. 9–16 Uhr.
Eintritt: 11 €, Kinder (3 bis 16 Jahre) 6 €, Familienkarte 29 €, Hund 5 €

Anfahrt: Der Wildpark MV liegt direkt am östlichen Stadtrand Güstrows und ist gut ausgeschildert. A19, möglich sind die Abfahrten 11 Laage, 12 Glasewitz oder 13 Güstrow. Von Westen über die B104. Parkplatz kostenlos.

71 Ursprüngliche Landwirtschaft entdecken

Brot liegt im Supermarkt geschnitten in der Plastiktüte, Milch gibt es im Pappkarton und Fleisch portioniert im Kühlregal. So sehen die Endprodukte der Landwirtschaft heute aus. Welche Hilfsmittel die Bauern vor über 150 Jahren hatten, wie schwer Arbeit und Leben der Landarbeiter waren, zeigt das AGRONEUM in Alt Schwerin anschaulich und anfassbar.

Im gläsernen Empfangsgebäude sehen Sie eines der ältesten technischen Ausstellungsstücke, eine riesige Dampfpflugmaschine aus dem Jahr 1915. Wie die Menschen früher gelebt haben, erfahren Sie in der einzigartigen Bauernkatenzeile, direkt an der Durchfahrtsstraße des Ortes. Sie zeigt das Wohnen auf dem Lande im Wandel der Zeit. Hier erfahren Sie etwa, dass um 1800 meist zwei Tagelöhner-Familien in einer Kate gewohnt haben. Jede Familie mit sechs bis zehn Menschen. Spartanisch eingerichtet mit offenem Kamin, Tisch, Stühlen und einfachen Betten. Irgendwann hatte der Boden Dielen, die Zimmer gepolsterte Möbel. Eine spannende Zeitreise.

Aber auch die Technikinteressierten kommen im AGRONEUM voll auf ihre Kosten. Vom Dreschkasten über Traktoren mit verschiedensten Antriebsarten bis hin zum Düngerflugzeug hat das Museum jede Menge historische Fahrzeuge und Maschinen gesammelt. Außerdem erleben Sie an den original aufgebauten Arbeitsplätzen die verschiedenen Gewerke, die im Dorf in der Vergangenheit eine große Rolle gespielt haben. Wagenräder wurden in der Stellmacherei gebaut, über glühenden Kohlen geschmiedet und mit riesigen Gattern wurden Baumstämme zu Bauholz verarbeitet.

Hingucker ist neben der Dampfpflugmaschine die weithin sichtbare Mühle. Sie ist rund 13 Meter hoch, hat eine Windfläche von etwa 80 Quadratmetern und ist das Wahrzeichen des AGRONEUMS. Wenn man so viel Landwirtschaft erlebt, sollte man auch die Produkte der Landwirte probieren. Im Museumsshop werden Sie fündig und können saisonale und regionale Produkte kaufen. Vor allem in der Saison und zu besonderen Veranstaltungen gibt es frisch gebackenes Brot und Kuchen. Während Sie sich auf der Café-Terrasse ausruhen, können Ihre Kinder auf einem der sieben thematischen Spielplätze toben.

Information: AGRONEUM
Alt Schwerin, Achter de Isenbahn 1,
17214 Alt Schwerin;
Tel.: 039932-47450;
www.agroneum-altschwerin.de
Öffnungszeiten: Apr.–Okt. 10–18 Uhr,
Nov.–März auf Anfrage

Eintritt: 7 €, Kinder (4 bis 16 Jahre) 3 €,
Familienkarte 17 €
Anfahrt: A19, Abfahrt Malchow,
abbiegen auf B192 Richtung Karow/
Schwerin. Nach 3 km erreichen Sie
Alt Schwerin, dort ist das Agroneum
ausgeschildert.

72 In Waren in die Müritz eintauchen

Wissen Sie, wie viele Fischarten in der Müritz leben, welche seltenen Vögel es hier gibt und wie viel Leben in toten Bäumen ist? Im Müritzeum werden Ihnen die Augen für all diese Dinge geöffnet.

Schon das Gebäude des Müritzeums im Herzen Warens ist ein Hingucker. Es symbolisiert ein seitlich aufgeschnittenes Schiff, in das man hineinschauen kann. So bieten die verschiedenen Erlebniswelten den Blick über das Wasser der Müritzregion und unter die Wasseroberfläche der Müritz. Die 26 naturnah gestalteten kleinen und großen Aquarien ziehen die meisten Besucher an. Damit besitzt die Einrichtung das größte Süßwasseraquarium mit heimischen Fischen in ganz Deutschland. Hier tummeln sich fast 50 Fischarten, die es in und um die Müritz herum gibt: bekannte Vertreter wie Hecht, Karpfen, Barsch oder Blei, und auch die etwas unbekannteren Arten wie Äsche, Stör oder Moderlieschen. Neben den Fischen leben Teichmuscheln, Krebse und Schnecken im gemeinsamen Biotop. Höhepunkt der Aquarien im Müritzeum ist das 100.000 Liter fassende Becken, das sich über zwei Etagen erstreckt und einem Schwarm von Hunderten Großmaränen ein Zuhause bietet. Ein imposanter Anblick!

Das Müritzeum ist ein Naturerlebniszentrum. Hier steht zum Beispiel die 1:1-Nachbildung eines Stammes der 1000-jährigen Eichen von Ivenack bei Stavenhagen. Der Unterschied zu den echten: Sie können in den Stamm schlüpfen und Geschichten hören, die der Baum zu erzählen hat. Ein paar Meter weiter erforschen Sie mit der Taschenlampe den nächtlichen Wald und begegnen Fuchs, Hirsch oder Waldkauz. Danach geht es mit dem Heißluftballon in die Welt der Vögel – ohne das Müritzeum tatsächlich zu verlassen. Mit ein bisschen Fantasie befinden Sie sich trotzdem mit Storch, Adler oder Kranich auf Augenhöhe, hören Vogelstimmen und erfahren viel über ihr Leben in der Müritzregion.

Durch den Museumsgarten mit Abenteuerspielplatz erreichen Sie das Haus der Sammlungen, das Mecklenburgs Museumsgeschichte präsentiert.

Information: Müritzeum, Zur Steinmole 1, 17192 Waren/Müritz; Tel: 03991-633680; www.mueritzeum.de
Öffnungszeiten: Apr.–Okt. 10–19 Uhr, Nov.–März 10–18 Uhr

Eintritt: 9 €, Kinder (6 bis 16 Jahre) 3 €, Familienkarte 20 €, Hunde 2 €
Anfahrt: A19, Abfahrt Waren, auf die B192 nach Waren, den Ausschilderungen zum Müritzeum folgen. Parken rund ums Müritzeum kostenpflichtig möglich.

73 Den Affen machen im Affenwald Malchow

Wann hat man schon mal die Chance, mit Affen auf Tuchfühlung zu gehen? Die flinken Kletterkünstler leben eher in tropischen oder zumindest wärmeren Gegenden der Erde. Und in Malchow. Die hier lebenden Berberaffen kommen aus dem Atlasgebirge im Norden Marokkos. Dort ist es oft ähnlich kalt wie bei uns.

In Malchow lebt eine Großfamilie aus 65 Tieren. Ihr Chef heißt „Oskar". Ob er frech wie Oskar ist, finden Sie heraus, wenn Sie den Affenwald besuchen. Allerdings sollten Sie alles, was man Ihnen vom Kopf, aus der Tasche oder vom Körper stehlen kann, im Auto lassen, denn die Affen sind sehr neugierig und spielen gern mit dem, was Sie mitbringen. Leider bringen die Tiere die Spielzeuge selten zurück, und so ging auch das eine oder andere Smartphone kurz in Berberaffen-Besitz über. Bis es klingelte und vor Schreck wieder weggeworfen wurde.

Der Zugang erfolgt durch die vergitterte Schleuse und die mehrere Meter hohen Zäune. Diese sorgen unter anderem dafür, dass keiner die Affen stichlt und dass die Tiere sich nicht selbst auf den aussichtslos weiten Weg in ihre ursprüngliche Heimat begeben. Zwischen den Bäumen im Nadelwald sind jede Menge Kletterseile gespannt. Doch die Affen sind auch oft auf dem Boden. Die Besucher beobachten sie beim Spielen, bei der Körperpflege oder auch beim Schlafen. Schön anzusehen ist, wie liebevoll eine Affenmutter mit ihren Kindern umgeht, sie putzt, füttert und auf dem Rücken trägt.

Den Affen sollten Sie übrigens nicht direkt in die Augen gucken. In der Affensprache heißt das: „Ich hab ein Problem mit Dir!" Und das können Sie nicht wollen. Schließlich sind die Affen die Chefs im Gehege und Sie die Gäste. Auf Essen und Trinken ist besser zu verzichten, denn Sie erzeugen damit sofort Futterneid, der Ihr Essen schnell zur Affenspeise machen kann. Alle wichtigen Hinweise finden Sie vor Ort in den „Grundregeln für das Verhalten im Affenwald". So genießen Sie einen Blick in eine harmonische Affenfamilie, die eleganten Bewegungen, intensive Spiele und den beeindruckenden sozialen Zusammenhalt der Tiere.

Information: Affenwald Malchow, Karower Chaussee 6, 17213 Malchow; Tel.: 039932-18422; www.sommerrodelbahn-malchow.de
Öffnungszeiten: Apr.–Okt. tägl. 9–18 Uhr

Eintritt: 5 €, Kinder (3 bis 14 Jahre) 4 €
Anfahrt: A19, Abfahrt Malchow, dann Richtung Malchow. Nach ca. 300 m sehen Sie auf der rechten Seite das Hinweisschild zum Affenwald und die benachbarte Sommerrodelbahn. Parken frei.

74 Rodeln im Grünen

Wer bei uns im Land rodeln möchte, muss im Winter wiederkommen – sprich an den gefühlt drei Tagen im Jahr, an denen eine geschlossene Schneedecke liegt, Frost herrscht und der Schnee nicht zu nass ist. Rodel-„Berge" gibt es tatsächlich ein paar: bei Kösterbeck in der Nähe von Rostock zum Beispiel, am Stadtrand von Güstrow und auch im Neubrandenburger Lindetal.

Und wo rodelt man, wenn kein Schnee liegt, wenn es zum Baden zu frisch – oder auch so heiß ist, dass Fahrtwind eine willkommene Abwechslung wäre? Genau, auf einer Sommerrodelbahn. Hier heißt es, in Shorts und T-Shirt, ohne Pudelmütze und Schal zu rodeln, was das Zeug hält. Möglich ist das auf mehreren Bahnen bei uns im Land. In Burg Stargard bei Neubrandenburg, in Bad Doberan und auch in Malchow zwischen Plauer See und Fleesensee.

Vor den Toren der Stadt, nur wenige hundert Meter von der A19-Abfahrt Malchow entfernt, finden Sie rasante Kurven und Hänge, die das Rodler Herz höher schlagen lassen. 44 Rodelschlitten für Single- oder Doppelbesatzung stehen zur Verfügung. Ein Schlepplift zieht Sie zum „Gipfel". Hier hat man eine schöne Aussicht auf den in der Nachbarschaft gelegenen Affenwald und natürlich auf die Abfahrt, die einen erwartet: 800 Meter lang ist der Edelstahlkanal, rasant geht es durch sieben Kurven und sechs Schikanen in Richtung Tal. In jeder Kurve schießt ein Adrenalinstoß durch Ihre Adern und Sie erleben noch einmal, was Fliehkraft mit dem Körper macht. Ganz wichtig: Vor dem Ziel das Bremsen nicht vergessen! Wie bei einem guten Karussell bleibt es garantiert nicht bei einer einzigen Fahrt – also am besten gleich Mehrfachtickets besorgen. Und nach dem Rodelerlebnis? Ihre Kinder können auf dem Spielplatz toben oder Eis essen, einen Imbiss und Getränke gibt es natürlich auch, und spätestens jetzt ist es Zeit nachzugucken, ob das Handyvideo während der Rodelpartie gelungen ist!

Information: Sommerrodelbahn Malchow, Karower Chaussee 6, 17213 Malchow; Tel.: 039932-18422; www.sommerrodelbahn-malchow.de

Öffnungszeiten: Apr.–Okt. tägl. 9–18 Uhr

Preise: Rodeln ist ab 3 Jahren erlaubt. 6-er-Karte 11 €, 6-er-Karte Kinder bis 14 Jahre 9 €

Anfahrt: A19, Abfahrt Malchow, abbiegen Richtung Malchow. Nach ca. 300 m sehen Sie auf der rechten Seite schon den Rodelberg und das Hinweisschild zur Sommerrodelbahn und zum benachbarten Affenwald.

75 Urlaub für Verliebte auf der Herzinsel im Brückentinsee

Wenn man Romantik weiter steigern will, würde es heißen: „romantisch, romantischer, Herzinsel!“ Schon die Anfahrt auf das kleine Eiland ist beeindruckend. Es geht durch dichte Kiefernwälder, an sattgrünen Weiden und glitzernden Seen der mecklenburgischen Seenplatte vorbei. Eine schmale Brücke über den Brückentinsee führt direkt ins Herzinselgebiet.

Von diesem traumhaften Ort der Ruhe, der Abgeschiedenheit mitten in der Mecklenburgischen Natur will wohl kaum einer wieder weg. Zumindest kommen die meisten Urlauber immer gern wieder, um ein paar Tage in einer der begehrten Unterkünfte auf der Insel zu verweilen. Im Herzen der Insel gibt es das Inselhotel, Höhepunkte der Übernachtungsmöglichkeiten sind jedoch die beiden massiven Wasserbungalows direkt am Ufer des Brückentinsees. Der Blick vom Esstisch aufs Wasser vermittelt den Eindruck, direkt im Wasser zu wohnen. Ein Paradies für Verliebte, für ruhesuchende Paare oder auch für Angler. Letztere bekommen ihren Angelkahn direkt unter die Füße, denn hier „parkt“ unter jedem Bungalow ein Ruderboot.

Fisch gibt es reichlich im Brückentinsee. Riesige Hechte, dicke Barsche und, weil das Wasser so klar ist, auch Maränen. Die gehören zu den forellenartigen Fischen und schmecken auch so. Lecker und frisch zubereitet bekommen Sie die kleinen Fische im Inselhotel-Restaurant. Selbst wenn man hier kein Zimmer bucht, lohnt sich der Tagesbesuch auf der Herzinsel zum Essen, Kaffee trinken oder zum Spazierengehen. Die Umrundung des ganzen Eilandes ist in einer guten halben Stunde vollbracht.

Vor allem verliebte Paare kommen hierher – man sagt, der Besuch auf der Herzinsel bringe Glück. An der Brücke hinterlassen viele ein Vorhängeschloss mit ihren Namen und werfen die Schlüssel ins Wasser als Zeichen der ewigen Verbundenheit. Ob es funktioniert, hat auch schon „Nur die Liebe zählt“-Moderator Kai Pflaume ausprobiert und hier fürs Fernsehen gedreht.

Information: Inselhotel Brückentinsee, 17237 Wokuhl-Dabelow; Tel.: 039825-20247; www.inselhotel-brueckentinsee.de Das Inselhotel ist auch als standesamtlicher Ort für Eheschließungen zugelassen und bietet Räume für die Feier. Weitere Besonderheit: Adler-TV – blicken Sie direkt in den Adlerhorst neben dem Hotel.

Anfahrt: Von der B96 zwischen den Orten Neustrelitz und Fürstenberg Richtung Godendorf/Dabelow abbiegen. Ca. 10 km nach diesem Abzweig erreichen Sie, der Ausschilderung folgend, die Holzbrücke, die auf die Insel führt. Bei der Verwendung von Online-Routenplanern oder fürs Navi: Wokuhl-Dabelow, Insel im Brückentinsee

76 Braunbären treffen im Wald

Was tun Sie, wenn Ihnen plötzlich ein ausgewachsener Braunbär gegenübersteht? Laut schreien oder einfach rennen? Sich verstecken, auf einen Baum klettern oder angreifen? Die richtige Antwort erfahren Sie im BÄRENWALD Müritz – aber keine Bange, Sie können auch ohne dieses Wissen einen Tag bei den Bären in Stuer genießen.

Der BÄRENWALD Müritz ist ein Tierschutzprojekt von VIER PFOTEN – Stiftung für Tierschutz. Er ist kein Bären-Zoo, sondern genau das Gegenteil. Hier leben Braunbären, die oft jahrelang unter schlechten, teils auch erschreckenden Bedingungen ihr Dasein fristen mussten. Im BÄRENWALD haben sie ein neues, zeitgerechtes Zuhause gefunden. Wald, Wiesen und Wasser stehen den Tieren auf einer Fläche von 16 Hektar zur Verfügung. Meistens dauert es aber nicht lange, bis sich der erste Bär zeigt. Und dann sind Sie „Balou“, „Katja“, „Ida“ und den anderen sehr nah: Lediglich zwei Zäune trennen die Besucher von den teilweise über zwei Meter großen imposanten Tieren.

Die Bären fressen, graben, baden, räkeln sich in der Sonne, dösen oder verziehen sich wieder in den Wald. Und von wegen, Bären sehen doch alle gleich aus! Am Eingang gibt es ein Faltblatt mit kurzen Porträts aller aktuellen Bewohner. Spätestens bei der dritten Bärenbegegnung fangen Sie an, die Bären auch mit Namen, Herkunft und individuellen Vorlieben kennenzulernen.

Langweilig wird es aber auch ohne aktuelle Bärensichtung nicht: Verschiedene Erlebnisattraktionen wie der Naturentdeckerpfad mit Labyrinth und Höhenpfad, ein Abenteuer-Waldspielplatz, Spiel- und Ausstellungsstationen bieten immer wieder Abwechslung. Wertvolle Hintergrundinfos finden Sie im neuen Besucherzentrum mit dem „Boulevard der Region“, Bio-Bistro, Bärenakademie und Bibliothek.

Und was ist nun bei der Begegnung mit einem Braunbären in freier Wildbahn? Nicht in die Augen gucken, langsam rückwärtsgehen. Notfalls flach auf den Bauch legen und den Kopf mit den Händen schützen.

Information: BÄRENWALD Müritz, Am Bärenwald 1, 17209 Stuer; Tel.: 039924-79118; www.baerenwald-mueritz.de
Öffnungszeiten: Apr.–Okt. tägl. 9–18 Uhr, Nov.–März tägl. 10–16 Uhr
Eintritt: Apr.–Okt.: 7,50 €, erm. 6,50 €, Kinder (bis 14 Jahre) 4 €, Familien 18 €; Nov.–März: 3 €, Kinder (bis 14 Jahre) 1 €
Anfahrt: Stuer liegt an der Südspitze des Plauer Sees an der B198. A19, Abfahrt 18 Röbel/Müritz, von dort direkt auf die B198 oder A24, Abfahrt 18 Meyenburg (Brandenburg) und über die B103 Richtung Norden.

77 Floßfahren wie Tom Sawyer

„Kann man damit kentern?" Diese Frage stellt sich vielleicht, wenn Sie mit dem Floß auf der Seenplatte zwischen Wesenberg und Plau unterwegs sein möchten. Diese Gefahr besteht nicht, und das Beste an so einem Floß ist: Es gibt keine engen Gänge oder niedrigen Decken wie in einem Kajütboot. Bei einem Antrieb unter 15 PS brauchen Sie nicht einmal einen Führerschein.

Mit der „schwimmenden Terrasse" haben Sie zwar tempomäßig keine Chance gegen Schnellboote mit leistungsstarken Motoren, dafür auch keinen Stress mit der Wasserschutzpolizei, die im Sommer gern mal auf unseren Wasserstraßen „blitzt". Wer ein Floß mietet, will bewusst entschleunigen und erleben, wie die Natur der Seenplatte scheinbar in Zeitlupe vorbeizieht. Während der Familienkapitän das Floß über Seen und Kanäle steuert, kann sich der Rest der Crew auf dem Sonnendach oder bei schlechterem Wetter in der Kajüte entspannen. Diese sind meistens ausgestattet wie ein besseres Wohnmobil: Es gibt richtige, bequeme Betten, Tisch und Stühle, meist eine Kochgelegenheit und einen Sanitärbereich sowie einen Frischwassertank. So können Sie ohne Zwischenstopp mehrere Tage auf dem Wasser unterwegs sein. Ankern Sie an einer schönen einsamen Bucht, vor einem romantischen Waldstück oder an einer erfolgversprechenden Angelstelle, ein paar Meter vor dem Schilf, wo das Wasser tief wird. Für Angler ist das Floßfahren ein Traum, kommt man mit dem hölzernen Gefährt doch an Angelstellen, die man vom Ufer schlecht oder nie erreichen würde.

Wenn Sie noch nicht genau wissen, ob der mehrtägige Floßurlaub etwas für Sie ist, starten Sie am besten mit einer Schnupper- oder Wochenendtour.

Information: 1 bis 2 Stunden dauert die Einweisung in die Bedienung des Floßes. Zeit, die einem später auf dem Wasser oder in der Schleuse Sicherheit gibt. Wer häufiger einen Floßurlaub machen möchte, sollte den Motorbootsführerschein „Binnen" erwerben. Den bekommt man oft schon in Wochenendkursen angeboten. Flöße auf der Seenplatte gibt es unter anderem hier:
www.flossurlaub-mv.de;
www.mecki-floss.de;
www.flosswirtschaft.de
Floßfahren auf der Peene finden Sie hier:
www.biberfloss.de; www.flossverleih.de oder www.kanuverleih-menzlin.de

Die Rekord-Scheune Deutschlands besuchen

78

Mit 125 Metern Länge und 34 Metern Breite darf sich die Scheune Bollewick „Längste Feldsteinscheune Deutschlands" nennen. Sie ist Markt, Veranstaltungsort und eines der schönsten ländlichen Gebäude in der Müritz-Region. Wo früher 650 Kühe standen, können Sie heute flanieren, shoppen und Spaß haben. Und das auf einer Fläche von 10.000 Quadratmetern.

Vorab: Das Dorf, in dem die Scheune steht, heißt „Bolleeee-wick" – wird also mit langem „e" und kurzem „wick" gesprochen. 1881 wurde das riesige Gebäude von Baron von Langermann zu Erlenkamp und Spitzkuhn gebaut und als Scheune genutzt. Nach dem Tod des Bauherrn hielten dort mehrere Bauern ihre Tiere, speicherten Getreide oder stellten ihre Fuhrwerke unter. Zu DDR-Zeiten standen in der Scheune 650 Milchkühe, die der örtlichen LPG gehörten. Nach der Wende entschloss man sich, das Gebäude zu sanieren und der Öffentlichkeit zur Verfügung zu stellen. Kunsthandwerker, Händler und Gastronomen zogen ein, um landwirtschaftliche Produkte anzubieten, historische Handwerkskunst zu zeigen und typische Spezialitäten auf den Teller zu zaubern. Sie erleben den Drechsler, die Keramik-Künstlerin, den Kürschner oder besuchen die Kerzenmanufaktur. Im Bauernladen finden Sie Honig, Schinken oder Biokäse aus der Region und auch das eine oder andere Andenken. Im Obergeschoss gibt es unter anderem Leinenmode, eine Ausstellung und ein Atelier. Die Scheune ist außerdem ein beliebter Veranstaltungsort: Fast jedes Wochenende sind hier Musiker, Sänger oder Kleinkünstler zu Gast. Zu den Highlights im Herbst gehört der Hirschrufer-Wettbewerb mit internationaler Beteiligung.

Information: DIE SCHEUNE, Dudel 1, 17207 Bollewick; Tel.: 039931-52009; www.diescheune.de, www.Scheune-Bollewick.de
Öffnungszeiten: März–Nov. 10–18 Uhr; Nov.–März 10–17 Uhr. Die Läden haben unterschiedliche Öffnungszeiten!

Anfahrt: A19, Abfahrt Röbel, B198 Richtung Neustrelitz. Etwa 10 km bis zur Ampelkreuzung Wittstock/Röbel, dort abbiegen Richtung Röbel. Nach ca. 2 km sehen Sie im Westen schon das Dach der riesigen Feldsteinscheune Bollewick.

79 Indianer auf der Naturbühne in Neu Damerow

Vor gut 25 Jahren tauschte der Schlosser Wolfgang Kring Rohrzange und Hammer gegen Pfeil, Bogen und Tomahawk. „Apache" wurde er in seiner Jugend von Freunden gerufen, denn seine langen schwarzen Haare und die Indianersymbole, die er trug, zeigten seine Verbundenheit mit dem Leben der amerikanischen Ureinwohner. Schon 1985 machte er in der DDR seine Einstufung und durfte nebenberuflich mit seiner Apachen-Stunt-Show Geld verdienen.

Als mit dem Untergang der DDR auch sein damaliger Arbeitgeber pleiteging, wechselte Wolfgang Kring seine Kleidung und machte sich als Indianer selbstständig. Er kaufte Pferde, erfand seine Indianershow und machte das Dorf, in dem er wohnte – Neu Damerow – über die Landesgrenzen hinaus bekannt. Seit 1991 inszeniert Kring mit 45 bis 50 Mitwirkenden eine atemberaubende Show, in deren Zentrum der Kampf der nordamerikanischen Prärieindianer gegen die weißen Besatzer steht. Weil die meisten Showdarsteller Laien sind, laufen die Vorführungen nur von Ende Juli bis Mitte August, also in der Urlaubszeit der Mitwirkenden. Viele der Hobbydarsteller sind schon seit 20 Jahren dabei und mimen die typischen Einwohner des amerikanischen Nordens aus der Zeit zwischen 1860 und 1875.

Rund zwei Stunden dauert die Show, für die sich der Berufsindianer Kring jedes Jahr ein neues Szenario ausdenkt, das nah an der Geschichte angelehnt ist. Trotzdem ist die Show gespickt mit Spannung, Action, Feuer und jeder Menge Stunts, die die bis zu 1.000 Zuschauern begeistern. So springt Kring auf seinem Pferd über hohe brennende Hindernisse, die Pferd und Reiter an ihre Grenzen führen. Kring riskiert viel, weil er seinen Beruf liebt und die hohen Ansprüche des Publikums nicht enttäuschen will.

Anerkennung für die Shows gab es schon von einem berühmten TV-Indianer, dem aus der ehemaligen DDR bekannten Indianerdarsteller Gojko Mitic. Der würdigte zum einen das ungeheure Engagement der vielen Laiendarsteller, zum anderen die Qualität der Stunts von Oberindianer Wolfgang Kring.

Information: Naturbühne Neu Damerow, Seestraße 6, 19399 Neu Damerow; Tel.: 03738-70674; 0174-1945611; www.apache-live-show.de

Öffnungszeiten: Termine aktuell auf der Website. Zu den Vorstellungen bitte Sitzkissen oder Decken mitbringen, die Naturbühne hat keine Bänke oder Stühle. Außerhalb der Showzeiten: Ferienwohnungen oder Schlafen im Tipi mit Möglichkeit zum Baden, Kanufahren, Reiten oder Angeln.

Anfahrt: A19, Abfahrt 15 Malchow. B192 Richtung Goldberg. Nach 16 km links abbiegen.

80 Wanderung mit Biber und Eisvogel

Mecklenburg-Vorpommern hat wunderbare Wandermöglichkeiten. Zu den Geheimtipps unter den kürzeren Touren mit spektakulären Aussichten und Urwald-Ambiente gehört das Warnow-Durchbruchstal im Sternberger Seenland mit eiszeitlichen Spuren und über 1.000 Jahre alten slawischen Burgwällen.

Schon die Anreise zum Startpunkt der etwa vier Kilometer langen Warnow-Wanderung macht klar, dass hier keine Touristenmassen zu erwarten sind. Kleine Straßen, die jeden Moment im Nichts zu enden scheinen. Man muss schon aufmerksam gucken – der kleine Parkplatz Warnowtal ist aber ausgeschildert! Von dort geht es in den Wald an die Warnow, und schon nach ein paar hundert Metern das erste Highlight: Eine urige Holzbrücke, die je nach Jahreszeit und Regenmenge über einen plätschernden Bach oder ein tosendes Wildwasser führt.

Auf teils schmalen Waldwegen führt die Tour danach bergauf. Hier stehen Überreste einer slawischen Höhenburg. Der Weg verläuft weiter in bis zu 30 Metern Höhe parallel zur Warnow. Bei Klein Raden schließlich geht es über eine weitere Brücke und am anderen Flussufer zurück. Imposante Rotbuchen, Findlinge, Steilhänge, Biber und mit großem Glück auch ein Eisvogel – äußerst erstaunlich, was auf nur wenigen Kilometern alles zu sehen ist! Mehr zur Kulturgeschichte gibt es ganz in der Nähe im Archäologischen Freilichtmuseum Groß Raden.

Die Warnow ist ein gut 150 Kilometer langer Fluss, der östlich von Schwerin entspringt und bei Warnemünde die Ostsee erreicht. Vor allem die Oberwarnow ist bei Kanuten und Paddlern sehr beliebt, und sogar das unter Naturschutz stehende Warnow-Durchbruchstal darf zu bestimmten Zeiten auf dem Wasser durchquert werden. In den umliegenden Orten finden Sie mehrere Ausleihstationen und Wasserwander-Rastplätze für ein unvergessliches Wochenend-Abenteuer auf einem abwechslungsreichen und wunderschönen Flussabschnitt.

Information: Warnow-Durchbruchstal und Mildenitz, 19406 Groß Görnow
Anfahrt: Sternberg liegt an der B104 zwischen Schwerin und Güstrow. In Sternberg abbiegen Richtung Norden, von dort noch rund 7 km. Beschilderung zum Parkplatz Durchbruchstal oder Warnowtal folgen.

81 Mit Kamelen auf Wanderschaft gehen

Yaks, Wasserbüffel, Kamele, Lamas, Rentiere oder Strauße – die Familie Kohlhaus hat in Sternberger Burg einen ganzen Tierpark. Und doch ist es ganz anders als im Zoo: Hier begeben Sie sich auf Safari, um die Tiere auf ihren großzügigen Weiden zu besuchen. Mehrmals täglich geht es in einem traktorgezogenen Planwagen über das weitläufige Gelände.

Eine Stunde etwa dauert die Tour zu den verschiedenen Tieren, die sich auf über 20 Hektar tummeln. Ängstlich sind die zotteligen und kuscheligen Vierbeiner ganz und gar nicht, eher neugierig und zutraulich. Also keine Angst vor große Nasen, die sich manchmal unvermittelt unter Ärmel oder Jackenaufschläge drücken! Die Kamele mit ihren großen, tiefbraunen Augen fordern gerne Aufmerksamkeit ein. Neben der hautnahen Begegnung mit den Tieren gibt es vom Kamelhof-Chef oder seiner Frau ausführliche Infos über Haltung, Zucht und Besonderheiten – zum Beispiel zur Frage, ob es den Kamelen, die ja immerhin den Beinamen „Wüstenschiff“ tragen, bei uns nicht zu kalt ist.

Außerdem bietet der Kamelhof Lama-, Kamel- und Wolfswanderungen an. Wolf? Fast. „Timber“, „Tipi“ und „Tonka“ sind Wolfshybriden, die Sie in der Dämmerung bei ihrem Streifzug durch das Warnow-Urstromtal begleiten. Wolfswanderungen finden einmal pro Woche statt – Sie können aber auch einen individuellen Termin vereinbaren. Spazierengehen und Wandern in urtümlicher Landschaft entspannt. Zusammen mit den Tieren vervielfältigt sich dieser Effekt – zumindest bei Erwachsenen. Kinder finden Tage auf dem Kamelhof Sternberger Burg dagegen meist eher extrem aufregend! Und vielleicht haben die Lütten ja auch mal Lust, länger hierzubleiben? Der Kamelhof bietet auch sehr naturnahe Ferienlager an, inklusive Baden, Kanu- und Schlauchboottouren auf der Warnow und Ausflügen in die nahegelegene Slawensiedlung. Alternativ können Sie hier einfach mal ein Familienwochenende verbringen, das Ihre Kinder garantiert nie vergessen werden.

Information: Kamelhof Sternberger Burg, Dorfstraße 1, 19406 Sternberg; Tel.: 03847-311071; www.kamelhof-sternbergerburg.de

Öffnungszeiten: für Tagesbesucher tägl. 10–18 Uhr. Termine für Safaris und Wanderungen online oder telefonisch erfragen.

Eintritt: 5 €, Kinder bis 2 Jahre frei. Wanderungen und Safaris ab 10 €, Kinder ab 8 €

Anfahrt: A14, Abfahrt Schwerin Nord, B104 bis Sternberg. In Sternberg links in den Finkenkamp abbiegen und der Ausschilderung folgen.

82 Edle Ritter und mutige Kämpfer treffen

Die Burg in Neustadt-Glewe gehört nicht nur zu den Wahrzeichen der Stadt an der Elde, sie ist auch eine der ältesten noch erhaltenen Wehrburgen und zugleich eine der schönsten in Mecklenburg-Vorpommern. Sie stammt aus der Mitte des 13. Jahrhunderts. Und noch heute treffen sich hier regelmäßig mutige Schwertkämpfer und bezaubernde Burgfräuleins.

Im Juni steigt das traditionelle Burgfest: ein mehrere Tage dauerndes Mittelalterspektakel. Dann schlagen hunderte Ritter und ihr Gefolge am Fuße der Burg ihr Lager auf und versetzen Bewohner und tausende Gäste ins Mittelalter. Sie erleben beeindruckende Vorführungen mit Feuer, Musik und Gaukelei. Gezeigt werden alte Handwerke wie Schmieden, Drechseln, Weben oder Färben. Der Höhepunkt des Treibens ist die sogenannte Huscarl-Schlacht, bei der rund 300 Schwertkämpfer verschiedener Nationen mitwirken. Huscarls waren die Kämpfer der Leibgarde von Adligen – heute vergleichbar mit Bodyguards. Mit Lanzen, Schilden, Schwertern und in ihren historischen Kostümen gehen die Krieger aufeinander los und liefern sich teils erbitterte Kämpfe. Die nachgestellte Schlacht in Neustadt-Glewe ist eine der größten in Europa.

Im Frühjahr lockt die Burg mit frischem Grün, duftenden Pflanzen und Kunsthandwerk, hier können Sie Deko für Haus, Hof und Garten von regionalen Herstellern erwerben oder sich einfach inspirieren lassen. Im „Goldenen Herbst" ist „BurgArt" im Innenhof, und am zweiten Dezemberwochenende wird die „Burg-Weihnacht" eingeläutet. Und wenn gerade kein Event auf dem Burggelände stattfindet, sind Sie zu einer persönlichen Führung herzlich willkommen, die Sie über das Burg-Museum anmelden und buchen können. Im alten Haus der Burg finden Sie zudem ein gemütliches Restaurant, darüber eine Galerie und einen Raum, in dem sich verliebte Paare in historischen Gemäuern das Jawort geben können. Die Stadt wählt außerdem aus ihren schönsten Damen jährlich das Burgfräulein – organisiert von einem rührigen Förderverein, der die Burg als lebendigen Mittelpunkt des kulturellen Lebens der Stadt erhalten möchte.

Information: Burg Neustadt-Glewe, Alte Burg 1, 19306 Neustadt-Glewe; Tel.: 038757-50065; www.neustadt-glewe.de oder www.burgverein-neustadt-glewe.de. Restaurant: www.burg-neustadt-glewe.de
Öffnungszeiten: Burg: Mitte März–Mitte Okt. Di–Fr 10–16 Uhr, Sa, So 11–16 Uhr; Mitte Okt.–Mitte März Di, Fr, Sa, So, aktuelle Zeiten auf der Website. Führungen nach Anmeldung, auch außerhalb der Öffnungszeiten!
Eintritt: Museum: 3 €, Schüler bis 16 Jahre 1,50 €, Familienkarte 7,50 €
Anfahrt: A24, Abfahrt Neustadt-Glewe, dann B191 Richtung Neustadt-Glewe. Auf der Ortsdurchfahrt hinter dem „Mercure-Hotel Schloss Neustadt-Glewe" links in die Burgstraße abbiegen.

83 Kunstgenuss „mitten in der Pampa“

Pampin liegt nicht in Südamerika, sondern an der A24 zwischen Berlin und Hamburg, ganz in der Nähe der Ruhner Berge, der nach den Helpter Bergen zweithöchsten Erhebung in Mecklenburg-Vorpommern. Und Pampin ist eine Art kultureller „Leuchtturm“ in der Region.

Pampin will sich nicht mit den großen Galerien messen, bietet aber mit seinem Kulturforum, seiner Galerie und vor allem dem Skulpturenpark eine Oase der Kunst in der landschaftlich wunderschönen, aber kulturell ansonsten eher armen Gegend. Wenn Sie Bildhauerarbeiten aus Holz, Stein, Polyester oder Fiberglas mögen, sich von Formen und Mustern inspirieren lassen möchten, lohnt sich ein Stopp allemal. Ein Hamburger Ehepaar kaufte 2003 das einen Hektar große Areal, sanierte das Haus und gestaltete den großen Garten zum Skulpturenpark, der sich ständig verändert, wächst und mit der Natur vereint.

Bereits im Vorgarten machen diverse Objekte und Installationen auf den Besuch des Kulturforums neugierig. Der lichtdurchflutete Eingangsbereich gestattet erste Eindrücke der Skulpturen im Garten. Die Galerie bietet wechselnde Ausstellungen. Im Park warten über 50 Skulpturen, die sowohl von einheimischen Künstlern wie dem Rostocker Jan Jastram oder dem Demminer Thomas Radeloff, als auch von namhaften Künstlern aus Deutschland oder unter anderem aus China geschaffen wurden. Hingucker im Garten ist das 8,25 Meter hohe rote „Mikado“ von Utz Brocksieper: Dabei handelt es sich um drei rote Stäbe aus Stahl, die seit 2007 im Park stehen und als Symbol für den Skulpturenpark irgendwann einmal Werbeträger an der A24 werden sollen.

Am besten besucht man den Skulpturenpark bei sonnigem Wetter, denn vor allem dann entfalten einige der Objekte ihre besondere Faszination durch das Spiel aus Licht, Reflexion und Schatten.

Information: Kulturforum PAMPIN, Dorfring 15, 19372 Pampin; Tel.: 038785-90333 oder 0171-9380114; www.pampinerhof.de

Öffnungszeiten: Mai–Ende Sep. an den Wochenenden 11–18 Uhr und jederzeit auf Anfrage.

Eintritt: Ab 15 Jahre 3 €, Kinder (6 bis 14 Jahre) 1,50 €, unter 6 Jahren frei

Anfahrt: A24, Abfahrt Parchim, Richtung Ziegendorf, dann rechts Richung Grabow, erste Abfahrt links Richtung Brunow, Hauptstraße Richtung Platschow, noch 2 km bis Pampin. An der Kreuzung rechts, zweites Grundstück rechts mit großer Scheune.

Hinweis: Wer sich die zahlreichen Objekte nicht allein erschließen möchte, meldet sich bei den Machern Ortrun Venth-Vogt oder ihrem Mann Wolfgang Vogt für eine Führung an.

84 Wie Bernhard Langer den Schläger schwingen

Den „Trolley" kennen Sie nur vom Flughafen, „Tee" wird bei Ihnen heiß aufgebrüht und das „Chippen" sagt Ihnen ohne „-dales" dahinter gar nichts? Dann ist es höchste Zeit für einen Golf-Schnupperkurs. In Mecklenburg-Vorpommern gibt es rund 20 Golfplätze. Einer der Besten in Deutschland ist WINSTONgolf in Vorbeck bei Schwerin – inzwischen der Heimatclub von Golflegende Bernhard Langer.

Drei verschiedene Plätze bietet die Anlage – wie üblich benötigen Sie Platzreife und außer für WINSTONkranich auch die Mitgliedschaft in einem Golfclub. Aber als Golf-Laie müssen Sie sich noch nicht mit Handicaps und Platzreife auseinandersetzen. Hier zeigen engagierte, junge Golflehrer, worauf es am Anfang bei einem guten Abschlag und erfolgreichem Putten (der letzte Schlag über eine relativ kurze Distanz) ankommt. Und dass Golf eine anspruchsvolle Outdoor-Sportart ist, die sowohl Konzentration als auch ein gutes Körpergefühl trainiert. Das Ganze dauert etwa 90 Minuten, zum Schluss spielen Sie ein (erstes?) kleines Turnier.

Mehrmals im Jahr bietet WINSTONgolf kostenfrei das sogenannte Actiongolf an. Dabei geht es vor allem um Spaß am Sport – kleines Training in lockerer Atmosphäre und dann in Vierer-Teams auf den sehr abwechslungsreichen Golfplatz WINSTONkranich. Die Termine für Actiongolf finden Sie auf der Website. Actiongolf ist auch individuell buchbar zum Wunschtermin, beispielsweise als Familien- oder Unternehmensevent.

Egal, ob Sie hier eine neue Leidenschaft entdecken oder es ein einmaliger Ausflug auf das gepflegte Grün bleibt: Nach einem Tag auf dem Golfplatz wissen Sie, dass der Trolley nicht nur Ihr Handgepäck, sondern auch die Golftasche transportiert; dass man Tee heiß trinkt oder auch als Abschlaghilfe für den Golfball benutzt, und dass Chippen einen speziellen Schlag außerhalb des Greens bezeichnet.

Golfspielen können Sie in Mecklenburg-Vorpommen nicht nur in Vorbeck bei Schwerin. Weitere öffentlich nutzbare Golfplätze gibt es im Golf und Country Club Fleesensee, im Golfzentrum Rügen Schloss Karnitz oder im Golfclub Balmer See – Insel Usedom.

Information: WINSTONgolf, Kranichweg 1, 19065 Vorbeck; Tel.: 03860-5020; www.winstongolf.de
Öffnungszeiten: tägl. 7.30–19 Uhr
Kosten: Schnupperkurs pro Person: je nach Teilnehmerzahl 20 bis 40 €, Actiongolf zum Wunschtermin 35 €

Anfahrt: Vorbeck liegt östlich des Schweriner Innensees. A14, Abfahrt Schwerin Nord, B104 Richtung Sternberg. Nach 10 km rechts abbiegen Richtung Crivitz, nach weiteren 8 km rechts abbiegen. WINSTONgolf ist ausgeschildert.
Firmensitz: WINSTONgolf GmbH, An der Waldkoppel 1, 19412 Kaarz

85 In luftiger Höhe neue Wege testen

Wer sagt denn eigentlich, dass man immer „auf dem Teppich bleiben" muss? Oder auf dem „Boden der Tatsachen"? Warum nicht lieber mal von Baum zu Baum schwingen, im Blätterdach balancieren oder mit der Seilbahn von Wipfel zu Wipfel sausen? Am Ende eines erlebnisreichen Tages im Schweriner Kletterwald hat man auf jeden Fall viel gewonnen: Riesenspaß, ein gutes Selbstgefühl und eine Menge neuer Perspektiven.

Im Kletterwald erwarten Sie wackelige Hängebrücken, gewagte Tarzansprünge und rasante Seilfahrten. Sogar Schlitten verkehren in luftiger Höhe. Aber von vorn: Empfehlenswert sind feste Schuhe und Jeans. Erfahrene Kletterer und Outdoor-Begeisterte powern sich hier richtig aus, Anfänger starten mit einer unterhaltsamen, soliden und sicherheitsorientierten praktischen Einweisung. Die vielen Seile, Haken und Gurte machen nach wenigen Minuten keinen komplizierten Eindruck mehr, sondern wirken logisch und einfach. Acht unterschiedliche Parcours mit steigendem Schwierigkeitsgrad und insgesamt 65 spannenden Kletteraufgaben liegen nun vor Ihnen. Es geht von schwebenden Balken über Holzplattformen auf knapp 13 Meter Höhe und per Seilbahn wieder nach unten, wobei sich die längste über 110 Meter erstreckt. Parcours 1 ist der leichteste mit einfachen Kletteraufgaben und relativ geringer Höhe. Der anspruchsvollste Parcours 8 mit Plattformen bis zu zehn Metern Höhe belohnt die Anstrengung mit einem fantastischen Blick auf den See und einem freien Fall am Ende. Aber keine Bange – Sie können jeden Parcours wiederholen, Pause machen und, was Ihnen zu gewagt erscheint, einfach auslassen.

Vor allem Familien mit Kindern schätzen die günstige Lage direkt neben dem Schweriner Zoo. Wenn der Nachwuchs noch zu klein ist oder keine Lust auf Klettern hat, gibt es gleich nebenan ein attraktives Alternativprogramm. Und zum Schluss: Wer sich im Kletterwald so richtig ausgetobt hat, braucht Entspannung und Nervennahrung. Die gibt es im „Waldcafé", dort warten kleine Köstlichkeiten, Kaffee und hausgemachter Kuchen.

Information: Schweriner Kletterwald, An der Crivitzer Chaussee 15, 19061 Schwerin; Tel.: 0385-5894551; www.schweriner-kletterwald.de
Öffnungszeiten: Apr.–Okt. Hauptsaison und Wochenenden 10–19 Uhr, Nebensaison 10–18 Uhr
Eintritt: inkl. Kletterausrüstung für 3 Stunden: 20 €, Kinder und Jugendliche 7 bis 18 Jahre 15 €, Begleitpersonen am Boden frei, Familienkarten ab 50 €. Kombitickets mit Zoo möglich.
Anfahrt: A14, Abfahrt Schwerin Ost, B321 Richtung Schwerin, Kletterwald und Zoo liegen nach ca. 5 km auf der rechten Seite. Alternativ: A24, Abfahrt Hagenow, B321 Richtung Schwerin, nach 20 km kommen Sie an einer Einmündung direkt auf den Kletterwald zu.

86 Das schönste Schloss des Nordens entdecken

Die goldene Kuppel strahlt weithin sichtbar und gibt einen ersten Eindruck von dem Glanz im Inneren. Unzählige Turmspitzen prägen die Silhouette. Das Schweriner Schloss liegt auf einer kleinen Insel im Burgsee, zu erreichen ist es über eine steinerne Brücke, die für den normalen Autoverkehr gesperrt ist. Durch die von Wasser umgebene, einmalige Lage ist das Schloss aus allen Richtungen in seiner ganzen Pracht sehr gut zu sehen.

Es ist ein Märchenschloss. Auch wer sonst nicht viel für Baukunst und Besichtigungen übrig hat, wird hier verzaubert. Das Schloss besteht aus sechs Flügeln, verfügt über elf Geschosse und mehr als 630 Räume. Und trotzdem wirkt es durch tausende liebevoll gestaltete Details leicht und verspielt, auf jedem Quadratmeter gibt es etwas zu entdecken. Starten Sie mit einem Rundgang durch das Schlossmuseum. Auf drei Etagen präsentiert es Kunstschätze, Waffen und Skulpturen vor allem aus dem 19. Jahrhundert. Besonders zu empfehlen sind die Sonderführungen am Wochenende, bei denen Sie das Schloss vom Keller bis zum Dach entdecken und einen Blick über die Seenlandschaft und die Stadt haben, den Sie nie vergessen werden. Lassen Sie auch die Schlosskirche nicht aus – Sie stehen unter einem Nachthimmel mit goldenen Sternen und fühlen sich an den Kölner Dom erinnert. Kein Wunder, Mitte des 19. Jahrhunderts wirkte hier der Kölner Dombaumeister Zwirner.

Ein weiteres Highlight ist der Burggarten auf der Rückseite des Schlosses, im Zentrum die Orangerie mit exotischen Pflanzen und einer einzigartigen Fassade. Über eine gusseiserne Drehbrücke erreichen Sie auch den weitläufigen, symmetrisch angelegten Schlossgarten, der heute fast Stadtparkcharakter hat.

Im Juni ist besonders eine Veranstaltung hervorzuheben: Musikalisch begleitete Lichtinszenierungen lassen das Schloss an den Abenden erstrahlen, am Sonnabend zieht ein Festumzug des Herzogs vom Hauptbahnhof zum historischen Schlossfest und Sonntag öffnet sich das Schloss zum Tag des Offenen Landtags mit Einblicken in viele Bereiche, die Besuchern sonst verschlossen bleiben.

Information: Schloss Schwerin, Lennéstraße 1, 19053 Schwerin; Tel.: 0385-5252920; www.schwerin.com/de/sehenswuerdigkeiten

Öffnungszeiten: Schlossmuseum: Mitte April–Mitte Okt. 10–18 Uhr, sonst 10–17 Uhr, Montag geschlossen. Führungen mehrmals täglich ab 11 Uhr. Für Sonderführungen telefonische Anmeldung in der Tourist-Information, 0385-5925214, begrenzte Teilnehmerzahl, Personalausweis nötig!

Eintritt: 8,50 €, erm. 6,50 €

Anfahrt: A14, Abfahrt Schwerin-Nord, B104 Richtung Schwerin, Straßenverlauf bis zum Schloss folgen, oder A14 Abfahrt Schwerin-Ost, B321 Richtung Schwerin, am Ende rechts abbiegen, das Schloss liegt auf der rechten Seite. In der näheren Umgebung sind ausreichend Parkhäuser vorhanden.

87 Übers Land schweben und Aeronaut werden

Idyllische Seenlandschaften, leuchtend gelbe Rapsfelder, abgelegene Dörfer, ausgedehnte Wälder und die Ostsee – aus der Luft ergeben sich ganz neue Eindrücke von der landschaftlichen Vielfalt Mecklenburg-Vorpommerns. Und es muss kein Flugzeug sein – Ballonfahren ist ein sanftes und stilles Abenteuer.

Wo es losgeht, legen Sie selbst in Absprache mit dem Team der Mecklenburger Ballonfahrten fest. Wo es hingeht und wie weit – das bestimmt dagegen die Natur. Der Ballon wird nur vom Wind angetrieben – übrigens der Grund dafür, dass es im Korb während der Fahrt nicht windig ist. Es ist übrigens auch nicht so kalt, wie man vielleicht vermutet. Trotzdem kann es gerade bei Abendstarts etwas frischer werden.

Am Startpunkt wird der Ballon mit kalter Luft vorgefüllt. Ein Brenner erwärmt die Luft, der Ballon richtet sich auf und ist abfahrbereit. Sie dürfen und sollen gerne helfen, den Ballon klarzumachen. „Mittendrin statt nur dabei" ist das Motto. Begleitet wird die Tour die ganze Zeit über von einem Bodenteam im Verfolgungsfahrzeug, das die Passagiere und den Ballon später wieder zurückbringt.

Eine bis eineinhalb Stunden dauert eine Ballonfahrt in der Regel, unterwegs sind Sie in Höhen bis etwa 1.000 Meter. Die fast lautlose Fahrt und die komplett andere Perspektive auf die Welt führen nicht selten zu totaler Entspannung und ganz neuen Erkenntnissen. Und warum „fährt" man Ballon und fliegt nicht? Das hat etwas mit Physik zu tun. Alles, was schwerer ist als Luft und Flügel braucht, fliegt. Körper, die leichter sind als Luft, fahren.

Nach der Landung steht die traditionelle Champagnertaufe an: Jeder Passagier erhält den Adelstitel des Aeronauten und die entsprechende Urkunde dazu. Der Ursprung dieses Brauchs liegt über 230 Jahre zurück: König Ludwig XVI. war vom Ballonfahren so begeistert, dass er ein Gesetz erließ, wonach nur Adlige sich auf diese Art in die Lüfte erheben dürften. Anders gesagt: Wer Ballon fährt, muss in den Adelsstand erhoben werden. Und daran hält man sich bis heute.

Information: Mecklenburger Ballonfahrten, Wittenburger Straße 17, 19053 Schwerin; Tel.: 0385-39368773; www.mecklenburger-ballonfahrten.de
Zeiten: Ballonfahren ist generell ganzjährig möglich, jede Jahreszeit hat ihren besonderen Reiz. Ausschlaggebend ist das jeweilige Wetter. Über Start oder Terminverschiebung entscheidet ein erfahrener Pilot.
Preise: Erwachsene und Jugendliche ab 14 Jahre: 195 €; Kinder: 159 €. Kinder sollten mindestens 1,20 Meter groß sein, da die Korbwand 1,10 Meter hoch ist.
Anfahrt: Anfahrt zum Startpunkt erfolgt in Absprache mit dem Team der Mecklenburger Ballonfahrten.

88 Dem Himmel ein Stück näher sein

Er zählt zu den höchsten Gebäuden des Landes: der Schweriner Fernsehturm. Der Name bezieht sich übrigens nicht nur auf die Abstrahlung von TV-Programmen, sondern auch auf die wunderbare Fernsicht aus gut 100 Metern Höhe über die Schweriner Seenlandschaft.

Stilvoll startet der Weg nach oben: Mit Aufzug und Liftboy, mit denen Sie in knapp einer Minute steil nach oben sausen. Es gibt zwar auch eine Wendeltreppe mit fast 500 Stufen – die ist aber nur für Notfälle vorgesehen.

Knapp unter der 100-Meter-Marke befindet sich die Aussichtsplattform. Hier schweift der Blick meist automatisch Richtung Schweriner See. Aber auch andere interessante Einblicke hat man von hier oben, etwa in die Stadtentwicklung. Zahlreiche Plattenbauten umgeben den Fernsehturm, der in den 1960er-Jahren mehr oder weniger auf der freien Wiese gebaut wurde. Später entstand hier ein riesiges Neubaugebiet für mehr als 20.000 Menschen.

In den letzten Jahren folgte aufgrund der demographischen Entwicklung ein Rückbau: Geschosse wurden entfernt, große Wohnungen in kleinere Einheiten geteilt, Fassaden erneuert. Und auch die ehemalige HO-Gaststätte im Fernsehturm startete als Restaurant neu: Seit 1999 kann man dort, wo Schwerin am höchsten ist, wieder essen, Kaffee trinken und einen einmaligen Ausblick genießen.

Antenne MV TIPP

Gleich nebenan befindet sich das Internationale Feuerwehrmuseum. Mit über 16.000 Ausstellungsstücken auf mehr als 4.000 Quadratmetern ist es Deutschlands größtes Feuerwehrmuseum. Geöffnet Ende März bis Ende Oktober 10–18 Uhr, montags geschlossen.

Information: Schweriner Fernsehturm, Hamburger Allee 72-74, 19063 Schwerin; Tel.: 0385-2010020; www.fernsehturm-schwerin.de

Öffnungszeiten: tägl. ab 11.30 Uhr, Mo–Do bis 21.30 Uhr, Fr, Sa bis 22 Uhr, So bis 21 Uhr

Eintritt: Aufzug 2 €, erm. 1,50 €, Kinder ab 4 Jahren 1,50 €

Anfahrt: Der Fernsehturm liegt im südöstlichen Teil der Stadt außerhalb der City. A14, Abfahrt Schwerin-Ost, dann B321 Richtung Schwerin. Nach gut 3 km links abbiegen auf die Plater Straße – dann ist das Ziel gut zu erkennen.

89 Top-Scorer beim Fußballgolf werden

Ihre Herausforderungen tragen exotische Namen wie Apachenhügel oder Schlangengrube, vielleicht liegt Ihnen auch das Ochsenauge mehr. Es geht darum, einen Fußball wie beim Golf mit möglichst wenig Kicks ins Ziel zu befördern – dabei sind verschiedene Hindernisse zu überwinden.

Das Beste am Fußballgolf ist, dass neben Können auch Glück eine Rolle spielt. Gut möglich, dass am Ende nicht Sohnemann, sondern Mama auf dem Siegerpodest steht. Die Schweriner Anlage liegt im Nordwesten der Stadt und verfügt auf 5,5 Hektar über 18 Bahnen. Die kürzeste ist elf, die längste rund 100 Meter lang.

Los geht's: Sportschuhe brauchen Sie nicht unbedingt, das normale Schuhwerk tut es auch, Noppen und Stollen sind ohnehin nicht zugelassen. Ausgerüstet mit Scorekarte und Ball starten Sie in das Erlebnis Fußballgolf. Ähnlich wie beim Golf kommt der Ball auf den Abschlagspunkt, das Ziel ist mit einer Fahne markiert. Dazwischen liegen Sandbunker, Zäune, Kurven, Hügel oder Röhren, die es zu überwinden oder zu durchqueren gilt. Es gibt Kurven und Balltrichter in verschiedenen Höhen – hier sind kreative Ideen mit dem Fuß gefragt! Jede Ballberührung zählt einen Punkt, landet der Ball außerhalb der Bahn gibt es einen, verlässt er gar die Anlage, werden zwei Strafpunkte fällig. Ist der Ball mit dem siebten Kick noch immer nicht im Loch, müssen Sie leider eine 8 auf der Scorekarte notieren.

Rund 90 Minuten dauert ein Durchgang, und nicht selten wollen gerade die jüngeren Spieler noch eine Runde dranhängen. Fußballgolf erobert seit gut zehn Jahren Deutschland, die relativ junge Sportart kommt ursprünglich aus Skandinavien. Deswegen sind die Betreiber in Schwerin besonders stolz, wenn Urlauber aus Dänemark oder Schweden die Anlage gut finden.

Regelmäßig lobt die Zukunftswerkstatt Schwerin als Betreiber einen Jedermann-Cup aus. Natürlich bietet die Anlage noch mehr als Fußballgolf: Lagerfeuerplatz, Torwand, Tischtennisplatten und Schafgatter sorgen für Abwechslung. Sie können sogar gegen kleines Entgelt einen Grill mieten und sich nach dem Sport entsprechend stärken.

Information: Fußballgolf Schwerin, Bahnhofstraße 2, 19057 Schwerin; Tel.: 0385-6173610 oder 0174-7984975; www.fussballgolf-schwerin.de
Öffnungszeiten: Mai–Okt. Di–Fr ab 14 Uhr, Sa, So ab 11 Uhr. Letzter Anstoß 17.30 Uhr. Mo geschlossen.
Eintritt: Je Umlauf 6 €, Kinder 4 €. Wer nicht spielt, aber das Freigelände nutzt, zahlt ebenfalls einen kleinen Obolus. Grillausrüstung gibt es ab 8 €.
Anfahrt: A14, Abfahrt Schwerin-Nord, B104 Richtung Schwerin. Nach 14 km rechts abbiegen Richtung Grevesmühlen und nach 600 m gleich die erste wieder links.

90 Barbecue-Party im Donut auf dem Wasser

Wenn man früher an Wassersport gedacht hat, schwammen vor dem geistigen Auge hölzerne Motorboote mit manchmal qualmenden Motoren oder Faltboote aus mit Gummi beschichtetem Stoff vorbei. Heute bestehen die Boote aus Kostengründen mehr aus Glasfaser verstärktem Kunststoff oder Metall.

Auch die Formen der Wassergefährte haben sich geändert. So gibt es neben den klassischen Bootsformen heute schwimmende Wohnwagen, Whirlpools oder ganze Bungalows, die auf dem Wasser schippern. Und es gibt „Barbecue-Donuts". Das sind die schwimmenden, coolen Teile, denen selbst Segler im Vorbeifahren Respekt zollen.

Cool sehen sie wirklich aus, die knallorangen, kreisrunden Boote mit Motorantrieb. Erfunden im Jahr 2006, gibt es die knuffigen Grillboote in über 40 Ländern als begehrtes Mietobjekt, auch bei uns am Schweriner See. Der Barbecue-Donut heißt, wie er aussieht, und leistet, was der Name verspricht. Mit kleinen, führerscheinfreien Motoren angetrieben, schippert man entspannt im Kreise der Familie, mit Freunden oder Kollegen über den Schweriner See und grillt sich das, was einem schmeckt.

Bis zu acht Leute finden auf dem Miniboot rund um den Tisch in der Mitte Platz. Der kann variabel bestückt werden, entweder mit einem Drinkset, einem Kaffeeset oder einem Grillset inklusive Teller, Besteck, Gläsern, Grill und Kohle. Nach einer Einweisung in Boot, Motor und Aufbauten kann es losgehen. Zum Grillen sucht man sich am besten eine ruhige Bucht, dann rollt die Wurst auch nicht vom Tisch. Gegen die Sonne schützt der am Donut angebaute Schirm und gegen den Wind die eigene Funktionsjacke. Im Idealfall ist es jedoch so heiß, dass die Grillparty auf dem Schweriner See zur angenehmen Erfrischung wird.

Information: Die Barbecue-Donuts liegen an der Seewarte am Paulsdamm, Schweriner Außensee. Gebucht werden können sie über die Webseite www.bbqdonuts.de oder über Vermieter Andy Saumann, Tel.: 0173-7634938.

Preise: ab 35€/Stunde

Anfahrt: A14, Abfahrt Schwerin-Nord, dann weiter auf der B104 Richtung Schwerin bis zum Restaurant „Seewarte". Adresse fürs Navi: Paulsdamm 2, 19055 Schwerin

91 Mit dem Fahrrad MV entdecken

Mecklenburg-Vorpommern ist ein Eldorado für Radfahrer. In allen Regionen finden Sie gut ausgebaute und entsprechend beschilderte Radrundwege und -touren. Einige sind nur wenige Kilometer lang, andere gehören zu internationalen Radfernwegen, die sich durch MV ziehen oder hier enden.

Ob Sie die gelben Rapsfelder im Mai lieben, den frischen Wind auf dem Küstenradweg im Sommer oder den leuchtend orangen Sanddorn und die tanzenden Kraniche im Herbst – abseits der Autobahnen und Bundesstraßen entfaltet MV noch einmal einen ungeahnten Zauber.

Neun Radfernwegen führen durch das Land. Am bekanntesten ist der fast 700 Kilometer lange Ostseeküsten-Radweg von Lübeck bis ins Seebad Ahlbeck auf Usedom. Darüber hinaus gibt es für ambitionierte Radler Strecken von Berlin nach Usedom oder von Hamburg nach Rügen. Es geht aber auch eine Nummer kleiner, und zwar auf 21 ausgesuchten Rundwegen. Einige erschließen eine bestimmte Region wie etwa der Trebeltal-Rundweg oder der Müritz-Rundweg. Andere widmen sich einem Thema, beispielsweise der Gutshaus-Rundweg, der Schlösser-Rundweg oder die Eiszeitroute. Der empfohlene Zeitaufwand variiert zwischen zwei und fünf Tagen. An allen Strecken finden Sie günstige Übernachtungsmöglichkeiten, in denen Radurlauber herzlich willkommen sind.

Antenne MV TIPP

Im Sommer ist es verlockend, einfach im Nirgendwo ein Zelt aufzuschlagen, Feuer zu machen und unter dem Sternenhimmel zu schlafen. Allerdings gilt bei uns – anders als in Skandinavien – das Jedermannsrecht nicht. Trotzdem: Probieren schadet nicht. Fragen Sie einfach auf Höfen nach. Manchmal klappt es und wird zum unvergesslichen Erlebnis.

Information: Eine detaillierte Auflistung aller Radtouren in MV finden Sie auf www.auf-nach-mv.de/radwandern. Günstige und radfahrerfreundliche Übernachtungsmöglichkeiten hat der ADFC zusammengestellt auf www.bettundbike.de.

Durchs Biosphärenreservat wandern

92

Rund 40 Jahre lag das heutige Biosphärenreservat Schaalsee in der wirtschaftlich kaum genutzten Grenzregion der damaligen DDR. Die innerdeutsche Grenze verlief mitten durch den See. Nach der westlichen wurde 1990 auch die östliche Seite unter Schutz gestellt – so blieben in dieser Region völlig naturbelassene Räume und eine einzigartige Artenvielfalt erhalten.

Wer Action und Fun sucht, wird hier nicht fündig, für Naturliebhaber ist das Gebiet hingegen ein Paradies. Der Schaalsee gehört mit gut 23 Quadratkilometern Fläche und bis zu 72 Metern Tiefe zu den größten und tiefsten Seen im Norden. Die tiefste Stelle entstand während der letzten Eiszeit: Wassermassen stürzten von abschmelzenden Gletschern herab und spülten den Boden aus. Der Schaalsee, dessen Name aus dem Slawischen kommt und Stein- oder Felssee bedeutet, ist umgeben von dichten Wäldern, Mooren und Schilfgürteln, die über 4.000 Tier- und Pflanzenarten einen einzigartigen Lebensraum bieten. Mehr als 300 Quadratkilometer umfasst das UNESCO-Biosphärenreservat – das entspricht der Fläche ganz Münchens!

Bedrohte Arten haben hier einen idealen Rückzugsraum gefunden: verschiedene Orchideen und fleischfressende Pflanzen, Fischotter, Seeadler oder Rotbauchunken. Auch ausgebüxte Nandus haben sich hier inzwischen etabliert. Zu erleben und zu erfahren ist das Biosphärenreservat Schaalsee am besten zu Fuß oder mit dem Rad. Stellen Sie sich aber darauf ein, dass nicht alle Wege topfeben sind und Sie teilweise Straßen nutzen müssen. Nehmen Sie Verpflegung mit – Gaststätten sind in der Region zwar vorhanden, doch einige öffnen erst am Nachmittag. Immerhin erwarten Sie insgesamt 150 Kilometer Rad- und Wanderwege mit zahlreichen Aussichtspunkten.

Information: Pahlhuus, Wittenburger Chaussee 13, 19246 Zarrentin am Schaalsee; Tel.: 038851-3020; www.schaalsee.de
Öffnungszeiten: Anfang Apr.–Anfang Nov. tägl. 9–17 Uhr

Eintritt: frei, Spenden willkommen
Anfahrt: A24, Abfahrt 9b Zarrentin, B195 Richtung Zarrentin, nach knapp fünf Kilometern rechts abbiegen und Schildern folgen.

93 In Platschow Elefanten hautnah erleben

Vor Jahren hat die aus Mecklenburg-Vorpommern stammende Zirkusfamilie Frankello dem Tourleben Ade gesagt und sich in einem winzigen Dorf an der Landesgrenze zu Brandenburg niedergelassen. Das Ortseingangsschild lässt keinen Zweifel aufkommen, wer im Elefantendorf Platschow die Hauptrolle spielt.

Welches Kind träumt nicht von einem Ritt auf einem Afrikanischen Elefanten? Anfassen, Füttern und auch das Reiten der Dickhäuter sind auf dem Elefantenhof Platschow nicht nur erlaubt, sondern sogar erwünscht. Besucher sind immer wieder begeistert von dem innigen Verhältnis zwischen den imposanten Dickhäutern und ihren Pflegern – es ist einfach zu spüren, mit wie viel Liebe der Hof geführt wird.

Neben den Elefanten leben hier weitere Tiere – Kamele etwa, Ponys und Esel oder auch die Seelöwen „Itchy“ und „Scratchy“. Geplant war Platschow nämlich nicht als Elefantenzucht, sondern als Winterquartier für Zirkustiere. Den Besuchern wollte man auch etwas bieten. Entstanden ist schließlich ein Dauer-Zuhause. Mehrmals täglich finden Vorführungen und Fütterungen statt, bei denen die Elefanten – aber auch die Seelöwen oder die Ponys – beeindruckende Shows präsentieren und Gäste oft einbezogen werden. Daneben gibt es viel Platz zum Spielen und Toben für die Jüngsten, Gastronomie und auch Möglichkeiten, den selbst mitgebrachten Imbiss einzunehmen.

Die Platschower Elefanten sind zudem echte Film-, TV- und Theaterstars und schon in diversen Shows aufgetreten. Die afrikanische Elefantendame „Mala“ hatte 2016 sogar ein Engagement bei den Schlossfestspielen in Schwerin – in der Verdi-Oper „Aida“.

Die ganze Saison über bietet der Elefantenhof Sonderveranstaltungen, ob an Ostern oder am Herrentag, ob Dschungelnacht oder Kinderzirkus-Festival, ein Blick auf die Website lohnt allemal.

Information: Elefantenhof Platschow, Am Dorfplatz 2, 19372 Platschow; Tel.: 0151-19426817; www.elefantenhof-platschow.de
Öffnungszeiten: Mitte März–Ende Okt. 11–18 Uhr. In der Kern-Ferienzeit schon ab 10.30 Uhr geöffnet.
Eintritt: 10 €, Kinder bis 16 Jahre 5 €, Familienkarte (zwei Erw./zwei Kinder) 26 €

Anfahrt: A24, Abfahrt 16 Suckow, B321 Richtung Marnitz. In Marnitz links Richtung Ziegendorf. Hinter Leppin links abbiegen Richtung Drefahl. In Drefahl links halten Richtung Grenzheim/Pampin. Nach 3 km rechts abbiegen auf Hauptstraße, dann ist es noch gut 1 km.

94 Cavalier, Held, Drache, Greif und Burg erkunden

Gut erhaltene Festungsanlagen sind für Norddeutschland nicht gerade typisch. In Dömitz an der Elbe steht eine der wenigen Flachlandfestungen im Norden in sehr gutem Zustand. Sie diente dem Schutz und der Kontrolle der Elbübergänge, war Gefängnis, Nervenheilanstalt und ist heute einer der imposantesten Punkte in Mecklenburg.

Ursprünglich stand an der Stelle im 13. Jahrhundert eine Rundburg. Davon blieb aber nur sehr wenig übrig. Im 16. Jahrhundert entstand hier die Festungsanlage Dömitz, und das in einer Bauzeit von nur sechs Jahren. Der mecklenburgische Herzog Johann Albrecht I. hatte dazu eine eigene Ziegelei bauen lassen und Arbeitskräfte aus Italien angeheuert. Die Festung sollte die Elbübergänge und die Grenze Mecklenburgs nach Südwesten absichern. Zusätzlichen Schutz gab ein bis heute existierender Wassergraben rund um die ganze Anlage.

Die Geschichte der Festung während des Dreißigjährigen Krieges, die spätere Verwendung als „Irrenhaus" und Gefängnis, die Rolle in den Befreiungskriegen gegen Napoleon bis hin zum Ende der militärischen Nutzung 1894 ist im Museum der Festung dargestellt. Die teils dunklen Kasematten, das weitreichende und zugängliche Tunnelsystem, der Festungstunnel, die Kanonen und auch die erst 2015 wieder hergerichtete Zugbrücke geben einen authentischen Eindruck vom Leben auf der Festung vor knapp 500 Jahren. Dazu gibt es eine Ausstellung über einen der bedeutendsten niederdeutschen Schriftsteller: Fritz Reuter. Er verbrachte hier bis 1840 das letzte Jahr seiner „Festungstid".

Natürlich hatte Dömitz wegen seiner Lage unmittelbar an der deutsch-deutschen Grenze auch in DDR-Zeiten eine besondere Bedeutung. Der Ort lag im Sperrgebiet, erst ab 1973 waren Teile der Festung wieder zugänglich. Heute wird die Zitadelle als Museum und als Veranstaltungsort genutzt, der Festungshof dient regelmäßig als Freilichtbühne. Eine Übersicht der zahlreichen Veranstaltungen ist auf der Website des Museums zu finden.

Information: Museum Festung Dömitz, An der Festung 3, 19303 Dömitz; Tel.: 038758-22401; www.festung-doemitz-museum.de

Öffnungszeiten: Mai–Sept. Di–Fr 10–17 Uhr, Wochenende und Feiertag 10–18 Uhr; Okt. Di–So 10–16.30 Uhr; Nov.–Apr. Di–So 12–16 Uhr.
In den Sommerferien auch montags 10–16 Uhr offen.

Eintritt: 5,50 €, erm. 4 €; Kinder (4 bis 16 Jahre) 2,50 €, Familienkarte 12,50 €.

Anfahrt: Dömitz liegt an der Landesgrenze zu Niedersachsen. Am schnellsten erreichbar über die B191, sowohl von Norden als auch von Süden. Oder: A24, Ausfahrt Neustadt-Glewe. Sie können aber auch gemütlich auf kleinen Straßen an der Elbe entlang nach Dömitz fahren.

95 Das Versailles des Nordens entdecken

Schloss Ludwigslust ist reich an prunkvoller Ausstattung. Waren die mecklenburgischen Herzöge so wohlhabend? Nur bedingt. Aber auch für den Fachmann ist die Illusion nicht ohne Weiteres zu erkennen: Zierleisten, Ornamente, Büsten, Kerzenhalter oder Bilderrahmen bestehen häufig schlicht aus Pappe!

Die genauen Rezepturen der „Ludwigsluster Carton-Fabrique" aus dem 18. Jahrhundert sind bis heute unbekannt. Das relativ günstige Material hatte reißenden Absatz – denn die Bildhauer schufen damit Nachbildungen, die nicht nur täuschend echt aussahen, sondern auch äußerst stabil und sogar witterungsbeständig waren.

Herzog Friedrich von Mecklenburg-Schwerin ließ das Schloss 1772 bis 1776 nach barocken Vorbildern erbauen. Es diente ihm und seinem Nachfolger Großherzog Friedrich Franz I. bis 1837 als Hauptresidenz. Auch die Stadt wurde in dieser Zeit angelegt. Der historische Stadtkern steht komplett unter Denkmalschutz und wurde in den letzten Jahren aufwendig restauriert. Schloss, Schlossgarten und Stadt bilden ein in Deutschland einmaliges Ensemble.

Nehmen Sie sich Zeit für den Park! Er ist 120 Hektar groß und voller Überraschungen. Die Wasserspiele und die vor dem Schloss befindlichen Kaskaden werden über einen fast 30 Kilometer langen Kanal gespeist. Nirgendwo laufen Pumpen – alles funktioniert nur durch das Gefälle des Kanals. Eine künstliche Ruine, das Schweizerhaus, die katholische Kirche St. Helena oder das Helenen-Paulownen-Mausoleum sind weitere Highlights auf Ihrem Parkrundgang.

Antenne MV TIPP

Zu den Höhepunkten des Jahres gehört das „Kleine Fest" im großen Park. Auf über 20 Bühnen präsentieren sich ein ganzes Wochenende lang hochkarätige Künstler aus aller Welt. Artisten, Clowns, Puppenspieler oder Comedy-Stars, dazu kulinarische Highlights und das brillante Höhenfeuerwerk zum Abschluss begeistern jedes Jahr tausende Besucher.

Information: Schloss Ludwigslust, Schlossfreiheit 1, 19288 Ludwigslust; Tel.: 03874-571915; www.museum-schwerin.de/orte/schloss-ludwigslust
Öffnungszeiten: Mitte Apr.–Mitte Okt. Di–So 10–18 Uhr; Mitte Okt.–Mitte Apr. Di–So 10–17 Uhr
Eintritt: 6,50 €, erm. 4,50 €; Kinder und Jugendliche unter 18 Jahren frei

Anfahrt: Ludwigslust liegt im Südwesten Mecklenburgs an der im Bau befindlichen A14. Von Norden kommend ist „Lulu" über die A14 gut erreichbar. Sonst über die A24, Abfahrt Wöbbelin, dann über die Landstraße (ehemalige B106) nach Ludwigslust. Direkt vor dem Schloss gilt Parkverbot, aber in unmittelbarer Nähe stehen zahlreiche, teils auch kostenlose Parkplätze zur Verfügung.

96 Braukunst live erleben

Wo ist eigentlich Vielank? Nach Berlin sind es von hier 217 Kilometer, nach Hamburg 109 und selbst zur Landeshauptstadt Schwerin sind es noch 61 Kilometer. Doch der kleine Ort in der „griesen" – der grauen – Gegend im Landkreis Ludwigslust-Parchim ist weit über die Grenzen des Landes hinaus bekannt.

Berühmt ist Vielank vor allem durch das Bier, das hier nach dem deutschen Reinheitsgebot und ohne Konservierungsstoffe gebraut wird. Hinter vorgehaltener Hand soll einer der Braumeister mal gesagt haben: „Gesünder als mit unserem Bier können Sie sich nicht beschwipsen ...!"

Seit 2002 werden die Bierflaschen mit Bügelverschluss und mecklenburgischem Ochsen auf dem Etikett in der traditionellen Holzbierkiste verkauft. Die markanten Flaschen werden aber nicht nur mit Bier befüllt: Für die Lütten gibt es ganz neue Brause-Geschmackserlebnisse: Zur Auswahl stehen etwa Himbeer, Sanddorn oder Holunder.

Bei einer der beliebten Führungen wird Ihnen die aufregende Geschichte des Brauhauses und das alte Handwerk des Bierbrauens erklärt. Natürlich muss anschließend gekostet und dazu lecker gegessen werden. Vielleicht ja ein Steak von einem der Ochsen, die nicht nur auf dem Etikett der Bierflasche, sondern auch auf der eigenen Weide des Brauhauses existieren.

Anschließend testen Sie vielleicht noch einen der im Haus gebrannten Liköre oder einen gut abgelagerten Whisky aus den Holzfässern im Keller. Fahren müssen Sie hinterher nicht mehr. Das Brauhaus vermietet 34 gemütliche Zimmer.

Antenne MV TIPP

Die Brauerei ist ein Kleinod in Mecklenburg. Empfehlenswert für alle, die einheimische Küche, urige Gemütlichkeit und hausgemachtes Bier lieben. Gute Adresse auch für Tagungen, Familien- oder Firmenfeiern. Der große Saal bietet Platz für bis zu 250 Personen. Für Brauereiführungen und Whisky-Tastings bitte anmelden.

Information: Vielanker Brauhaus Gmbh, Lindenplatz 1, 19303 Vielank; Tel.: 038759-339180; www.vielanker.de

Öffnungszeiten: Bierverkauf tägl. ab 8 Uhr – Gastronomie: Mo, Di 16–23 Uhr, Mi–So 8–23 Uhr

Anfahrt: A24, Abfahrt Neustadt-Glewe, weiter über die B191 Richtung Dömitz, dann Richtung Vielank abbiegen

97 Im fruchtigen Schwechow edle Wässerchen testen

Erleben Sie die alte Kunst der Obstbrennerei live und lassen Sie sich durch die historischen Gemäuer des Gutes Schwechow führen. Ein Ausflug für die (erwachsenen) Sinne! Denn nicht jeder Apfel landet im Mus oder in der Saftflasche ...

Schon wenn Sie über die B5 von Ludwigslust in Richtung Boizenburg auf dem Weg nach Schwechow sind, fallen Ihnen die vielen Obstplantagen auf. Tatsächlich fahren Sie durch eines der ältesten zusammenhängenden Obstanbaugebiete Norddeutschlands. Vor allem Äpfel werden hier geerntet. Zur Erntezeit sehen Sie oft riesige Anhänger, die mit den leckeren Früchten beladen in die nahe gelegene Saftfabrik gezogen werden. Ein Teil der Ernte wird destilliert und zu feinsten Schwechower Obstbränden verarbeitet.

Weil aus Apfel, Mirabelle, Kirsche und Zwetschge edle Getränke entstehen sollen, findet die Verarbeitung der Früchte auch hinter edlen Gemäuern statt, den typisch roten Backsteinmauern des Gutes Schwechow. Wo genau die leckeren Obstbrände entstehen, sieht man auf jeder Flasche, denn die Brennerei ist immer auf dem Etikett zu finden. Der Ort Schwechow wurde 1229 das erste Mal erwähnt, das Gut im Jahr 1342. Nach zahlreichen unterschiedlichen Besitzern hat der Unternehmer Richard Hartinger hier 1991 angefangen, den „Schwechower" zu brennen.

In verschiedenen Geschmacksrichtungen hat er seitdem seinen Siegeszug durch die Restaurants des Landes und darüber hinaus angetreten und wurde mehrfach prämiert. Bestimmt treffen Brände und Liköre auch Ihren Geschmack, wenn Sie sich bei einer unterhaltsamen Führung durch die Destillerie Appetit auf das edle Produkt geholt haben.

Antenne MV TIPP

Zu Führungen mit Brennereibesichtigung und Verkostung sollte man sich vorher anmelden. In den Räumlichkeiten der Destillerie können auch größere Events und Firmenfeiern abgehalten werden. Und ganz wichtig: einen Fahrer für die Rückfahrt organisieren.

Information: Mecklenburger Obstbrand Gut Schwechow GmbH, Am Park 5, 19230 Schwechow; Tel.: 038856-37820; www.schwechower.de

Öffnungszeiten: tägl. (außer sonn- und feiertags) 9–18 Uhr
Anfahrt: A24, Abfahrt Hagenow, weiter über die B321 bis Hagenow und durch die Stadt zur B5 in Richtung Boizenburg. Kurz hinter Pritzier links abbiegen in Richtung Schwechow.

98 Die unfassbare Geschichte der Dorfrepublik Rüterberg

Was kann man in Rüterberg erleben? Die Freiheit. Die Freiheit, von der Ringstraße des Dorfes direkt an die Elbe zu gehen und als Angler Hecht, Zander oder Barsch nachzustellen. Oder auf dem Elbdeich von Mecklenburg-Vorpommern nach Niedersachsen zu radeln, mit Blick auf den ehemaligen Grenzfluss zwischen DDR und BRD.

Rüterberg liegt auf einer Landzunge und war zwischen 1967 und 1989 komplett eingezäunt. Ein besonderes Grenzdorf auf DDR-Gebiet mit besonderen Regeln. Wer sich ein bisschen Zeit nimmt und Menschen in Rüterberg anspricht, trifft noch den einen oder anderen „Ureinwohner", der erzählen kann, wie abgeschnitten die Rüterberger in der DDR gelebt haben. Die Dorfbewohner, auch wenn sie direkt an der Elbe wohnten, durften nicht an den Fluss. Ein hoher Metallzaun hinderte sie daran. Die Grenze zum Westen.

Unglaublich scheint heute, dass auch das Verlassen des Ortes in östliche Richtung ein Problem war. Nur zwischen 5 und 23 Uhr, nur mit gültigem Ausweis und einem Passierschein durften die Rüterberger raus aus ihrem eingezäunten Wohnort. Immer bewacht von schwer bewaffneten Grenzsoldaten. Wer zu späterer Zeit wieder zurück nach Hause wollte, musste in seinem Trabant bis morgens um 5 Uhr am Grenzzaun warten. Heute erinnern mehrere Grenzzaunteile am Elbufer an die unvorstellbare Trennungssituation. Am 8. November 1989 erklärten sich die Rüterberger nach dem Schweizer Vorbild der Dorfgemeinschaften zur selbstständigen „Dorfrepublik", um die untragbare Situation zu beenden – nicht ahnend, dass am folgenden Tag die Mauer fallen würde. So verschwanden die Kontrollen und Zäune ohnehin – die „Dorfrepublik" aber blieb.

Heute können Sie ohne Passierschein mit Ihrem Wohnmobil gegen Gebühr auf dem Wohnmobilstellplatz übernachten. Von hier aus starten Sie Ihre Radtour, Ihren Paddelbootausflug oder Ihren Angeltrip. Wer kein Wohnmobil hat und trotzdem länger bleiben möchte, kann auch einen ehemaligen Grenzwachturm mieten.

Information: Wohnmobilparkplatz Dorfrepublik Rüterberg, Ringstraße 2, 19303 Rüterberg; Tel.: 038758-20813; www.wohnmobil-rueterberg.de

Anfahrt: A14, Abfahrt Ludwigslust Süd, B191 Richtung Dannenberg/ Uelzen. Hinter Neu Kaliß B195 Richtung Boizenburg, nach knapp 3 km links nach Rüterberg.

99 Auf Brettern mehr als nur nass werden

Für dieses Abenteuer direkt an der A24 südlich von Schwerin braucht es nichts weiter als Badesachen, Schwimmfähigkeit und eine Portion Selbstvertrauen. Selbst blutige Anfänger stehen nach kurzer Zeit auf den Wasserskiern und genießen das Gefühl, über die Wasseroberfläche zu gleiten. Aber Achtung: Wasserskifahren und Wakeboarden machen süchtig!

Zugegeben, im Neoprenanzug, mit Schwimmweste, Helm und den sperrigen Brettern an den Füßen fühlt man sich eher unbeweglich und gar nicht so, als würde man gleich auf dem Wasser elegante Kurven schwingen. Aber nun gibt es kein Zurück. „Arme gerade nach vorne, in die Hocke gehen und die Oberschenkel schön anspannen." Ein kleiner Ruck – und tatsächlich, es funktioniert! Manchmal schon beim ersten, spätestens aber beim dritten oder vierten Versuch. Anfänger melden sich vorher telefonisch an. Anfängerkurse werden ab fünf Personen angeboten.

Auch für Könner und Profis bietet der Wasserskilift Zachun beste Voraussetzungen. Auf der 800 Meter langen Anlage und den verschiedenen Hindernissen kann jeder zeigen, was er drauf hat. Ob Funbox, Kicker oder Table, hier bleibt kein Wunsch offen. Wer keine Lust auf den Bretter-Spaß hat, findet viele andere Möglichkeiten: Badestrand und Liegewiese, Spielplatz, und jede Menge trockene Sportarten wie Beachvolleyball, Tischtennis oder Fußball. Ein Campingplatz sorgt dafür, dass sich das Wasserskiabenteuer auch als Kurzurlaub mit Übernachtung gestalten lässt.

Antenne MV TIPP

Mecklenburg-Vorpommern mit seinen mehr als 1.000 Seen ist ein absolutes Wassersportland. Wasserskilifte gibt es neben der Anlage in Zachun auch in anderen Landesteilen: zum Beispiel am Neubrandenburger Reitbahnsee, in Feldberg, in Körkwitz bei Ribnitz-Damgarten und in Zirkow auf Rügen.

Information: Wasserskilift Zachun, Am Badesee 1, 19230 Neu Zachun; Tel.: 038859-6010; www.wasserskilift.de
Öffnungszeiten: Apr.–Okt., Liftzeiten meist bis 20 Uhr, je nach Wetter auch länger

Eintritt: je nach Dauer Erwachsene ab 14 €, Tageskarte 32 €
Anfahrt: Direkt an der A24, Abfahrt 11 Hagenow, B 321 Richtung Schwerin, gleich die erste Möglichkeit rechts (ausgeschildert).

100 MVs schönste Skipisten bügeln

Hier muss niemand morgens erst die Wetterkarte und die Neuschneemengen studieren. In Wittenburg sind die Schneeverhältnisse immer optimal, die Luft hat minus ein Grad, und Spaß ist garantiert – egal ob Sie erfahrener Pistenjäger, neckischer Skihase, blutiger Anfänger oder experimentierfreudiger Freestyler sind.

Das alpincenter direkt an der A24 ist Europas größter Indoor Schnee- und Freizeitpark. Die Skipiste in der Halle ist 330 Meter lang, bis zu 120 Meter breit und bietet mit unterschiedlichem Gefälle von 10 bis 31 Prozent für jede Könnerstufe das Richtige: Kinderbereich, Anfängerhügel, Hauptpiste oder Funpark. Ausrüstung kann mitgebracht oder ausgeliehen werden. Kompetente Skilehrer helfen gern bei den ersten Schritten.

Skifahren oder Snowboarden ist aber längst nicht alles, was das alpincenter zu bieten hat. Verschiedene Spiel- und Sportmöglichkeiten sorgen für jede Menge Spaß und Abwechslung. Zu den beliebtesten Aktivitäten gehören dabei Bowling, Kartfahren und Beachvolleyball. Für die Lütten ist im 700 Quadratmeter großen Indoor-Spielplatz oder auch auf dem riesigen Abenteuerspielplatz im Außenbereich Platz zum Toben und Entdecken. Und wer zwar in den Schnee will, aber nicht auf Brettern, hat Spaß beim Tubing! Auf großen Reifen wie sonst in der Wasserrutsche geht es mit 12 Prozent Gefälle 60 Meter weit den Berg runter. Lieber etwas ruhiger? Dann vielleicht Eisstockschießen. Unterm Strich: Ein einziger Besuch reicht nicht aus, das alpincenter komplett zu entdecken.

Ihren Schnee-Spaß-Tag lassen Sie dann kulinarisch ausklingen: Mehrere Restaurants und Bars laden an herzhafte Buffets, zum Speisen à la carte oder bieten Spezialitäten aus der regionalen sowie Zünftiges aus der alpenländischen Küche. Auf den Geschmack gekommen? Auch Skiurlaub ist in Mecklenburg-Vorpommern möglich – das Hotel mit über 100 komfortablen Zimmern und „Saunadörfl" liegt gleich nebenan.

Information: alpincenter Hamburg-Wittenburg, Zur Winterwelt 1, 19243 Wittenburg; Tel.: 038852-2340; www.alpincenter.com

Öffnungszeiten: tägl., je nach Saison unterschiedliche Öffnungszeiten
Anfahrt: A24, Abfahrt 10 Wittenburg, abbiegen Richtung Wittenburg, nach 2 km links abbiegen (zur Winterwelt), dann noch ca. 1 km geradeaus.

Register

A

Affenwald Malchow 136
AGRONEUM 132
Ahrenshoop 44
alpincenter Hamburg-Wittenburg 186
Alt Schwerin 132
Angeln in MV 104
Ankershagen 114
Anklam 94, 98
Astronomische Uhr 34

B

Bad Doberan 16,18
Barbecue-Donuts 168
BÄRENWALD Müritz 142
Baumwipfelpfad 70
Bergringrennen Teterow 128
Bikergottesdienst Bad Doberan 16
Binz 66, 70, 74
Bollewick 145
Botanischer Garten Christiansberg 92
Bunker Eichenthal 96
Burg Neustadt-Glewe 152
Burg Penzlin 116
Burg Stargard 108

D

Dargun 124
DARWINEUM Zoo Rostock 26
Dassow 6
Deutsches Bernsteinmuseum
Kloster Ribnitz 50
Dinosaurierland Rügen 77
Doberaner Münster 16
Dokumentationszentrum Prora 74
Dömitz 174
Dorfrepublik Rüterberg 182

E

Elefantenhof Platschow 172
Erlebnis- und Tigerpark Dassow 6
Eselhof Schlage 42

F

Faulenrost 117
Feldberger Seenlandschaft 102
Fernsehturm Schwerin 164
Floßfahren 144
Freilichtmuseum Klockenhagen 46
Fußballgolf Schwerin 166

G

Gadebusch 12
Gespensterwald Nienhagen 20
Gielow 112
Gingst 76
Graal-Müritz 39
Grillstube Broiler 22
Groß Görnow 148
Groß Mohrdorf 48
Güstrow 129, 130
Gut Schwechow 180

H

Hafenrundfahrt 23
HanseDom Stralsund 56
Hausboot fahren 144
Haustierpark Lelkendorf 126
Hanse Sail Rostock 24
Heinrich-Schliemann-Museum 114
Heringsdorf 88
Hexenmuseum Penzlin 61
Hiddensee 62
Historisch-Technisches
Museum Peenemünde 86

I

Indoor Minigolf Pudagla ... 82
Inselhotel Brückentinsee ... 140
Internationales Feuerwehrmuseum ... 164
Ivenacker Eichen ... 112

J

Jabel ... 122
Jagdschloss Granitz ... 66

K

Kamelhof Sternberger Burg ... 150
Kanustation Mirow ... 120
Kap Arkona ... 78
Karls Erlebnis-Dorf ... 32
Kartcenter Rostock ... 36
KdF-Museum ... 74
Kletterwald Schwerin ... 158
Kloster Ribnitz ... 50
Kulturforum PAMPIN ... 154
Kunstmuseum Ahrenshoop ... 44
Kühlungsborn ... 14
Kranich-Informationszentrum
Groß Mohrdorf ... 48
Kreidefelsen Rügen ... 72

L

Lelkendorf ... 126
Lindholz ... 96
Luckow ... 92
Ludwigslust ... 176

M

Malchow ... 136, 138
Marienkirche Rostock ... 34
Marlow ... 54
Mecklenburger Ballonfahrten ... 162
Mecklenburger Rippenbraten ... 105
Mecklenburgische Bäderbahn Molli ... 18
MEERESMUSEUM Stralsund ... 58
Mirow ... 120
Müritzeum ... 134
Museum Festung Dömitz ... 174

N

Nationalpark-Zentrum Königsstuhl ... 72
Naturbühne Neu Damerow ... 146
Naturerbe Zentrum Rügen ... 70
Naturpark-Draisine Dargun ... 124
Neubrandenburg ... 110
Neu Damerow ... 146
Neustadt-Glewe ... 152
Neustrelitz ... 118
Neu Zachun ... 184
Nienhagen ... 20
Nienhäger Holz ... 20
NVA-Museum ... 74

O

Ostseejumper Kühlungsborn ... 14
Otto-Lilienthal-Museum ... 98
OZEANEUM Stralsund ... 60

P

Pahlhuus ... 171
Pampin ... 154
Peenemünde ... 85, 86
Penzlin ... 116
Platschow ... 172
POSTEL Wolgast ... 80
Prora ... 70, 74
Pudagla ... 82
Putgarten ... 78

R

Radtouren in MV ... 170
Ralswiek ... 64
Rasender Roland ... 68
Redewisch ... 8
Rhododendronpark Graal-Müritz ... 39

Ribnitz-Damgarten ... 40, 46, 50
Rostock ... 23, 24, 26, 28, 30, 34, 36, 38
Rövershagen ... 32
Rügenpark Gingst ... 76
Rüterberg ... 182

S

Sassnitz ... 72
Schaalsee ... 171
Scheune Bollewick ... 145
Schlage ... 42
Schloss Ludwigslust ... 176
Schloss Rattey ... 106
Schloss Schwerin ... 160
Schmetterlingsfarm Usedom ... 84
Schönbeck ... 106
Schwechow ... 180
Schwerin ... 158, 160, 162, 164, 166, 168
Seebrücke Heringsdorf ... 88
Slawendorf Neustrelitz ... 118
Sommerrodelbahn Malchow ... 138
Spielzeugmuseum Peenemünde ... 85
Spycker ... 77
Stadtmauer Neubrandenburg ... 110
Sternberg ... 150
Station Burgsee ... 12
Störtebeker Festspiele ... 64
Stralsund ... 56, 58, 60
Stuer ... 142
Swingolf Boltenhagen ... 8

T

Tauchcenter Feldberg ... 102
Tauchgondel Zingst ... 52
Technikmuseum Pütnitz ... 40
Teterow ... 128
Tierpark Ueckermünde ... 90
Trabbi-Treffen ... 94
Trassenheide ... 84

U

Ueckermünde ... 90

V

Vielanker Brauhaus ... 178
Vogelpark Marlow ... 54
Vorbeck ... 156

W

Wanderwege ... 20, 171
Waren ... 134
Warnemünde ... 22, 23, 24, 30
Warnemünder Leuchtturm ... 23, 30
Warnow-Durchbruchstal ... 148
Wasserskilift Zachun ... 184
Weihnachtsmarkt Rostock ... 38
Welshof Schliemann ... 117
Wildpark MV ... 130
Wikinger an der Peene ... 100
WINSTONgolf ... 156
Wisentreservat Damerower Werder ... 122
Wismar ... 10
Wittenburg ... 186
Wokuhl-Dabelow ... 140
Wolgast ... 80
WONNEMAR Wismar ... 10

Z

Ziehten ... 100
Zingst ... 52
Zoo Rostock ... 26, 28

Entdecke die Welt der
Störtebeker
Brauspezialitäten!
Neben traditionellen Bierstilen entstehen in der Störtebeker Braumanufaktur auch außergewöhnliche Eigenkreationen wie das Roggen-Weizen oder das Atlantik-Ale.
Störtebeker
BRAUSPEZIALITÄTEN
PROBIER
KISTE
NEU
Störtebeker
BRAUSPEZIALITÄTEN
17 SORTEN
ONLINE ENTDECKEN
WWW.STOERTEBEKER.COM

Impressum

Sutton Verlag GmbH
Hochheimer Straße 59
99094 Erfurt
www.suttonverlag.de

ISBN: 978-3-95400-775-2
Gestaltung und Satz: Sutton Verlag
Druck: Printer Trento / Italien
Kartografie: Heidi Schmalfuß, München

Bildnachweis

Agroneum Alt Schwerin: S. 133; alpincenter Hamburg-Wittenburg: Einband vorne u. l., S. 185, 187; Archiv HSM: S. 115; Archiv MBB Molli GmbH/Jan Methling: S. 19; BÄRENWALD Müritz GmbH/Sascha Koppelmann: S. 143; Michael-Günther Bölsche: S. 147, 173; Deutsches Bernsteinmuseum: S. 51; Erlebnis Akademie AG/Mirko Boy/ Ralf Eppinger: S. 71; Eselhof Schlage: S. 43; Kletterwald Schwerin Foto Scherer: S. 159; Fotoart-Hotel Pension Klaffke: S. 119; Freilichtmuseum Klockenhagen: Einband vorne o. l.; S. 47; Fußballgolf Schwerin e.V.: S 167; Hanseatische Eventagentur GmbH: S. 31; HanseDom Stralsund GmbH: S. 57; Haustierpark Lelkendorf: S. 127; Ronny Heim: S. 95; Holger Hempel: S. 13; Steffen Holz: S. 21, 35, 37, 59, 61, 63, 69, 73, 79, 83, 87, 89, 99, 101, 111, 135, 155, 179, 181, 183, Einband hinten r.; Inselhotel Brückentinsee: S. 141; Kamelhof Sternberger Burg: S. 151; Karls Erlebnis-Dorf: S. 33; Sandra Luner: S. 121, 149; Mecklenburger Ballonfahrten: S. 163; Museum Festung Dömitz: S. 175; Naturpark-Draisine Dargun: S. 125; Stadt Neustadt-Glewe: S. 153; Dr. Günter Nowald: S. 49; Ostseejumper/Peter Stoll: S. 15; POSTEL Wolgast/Ulrike Lehmann: S. 81; Gregor Reisch: S. 137, 139; Andy Saumann: S. 169; Dipl. oenol. Stefan Schmidt: Einband vorne o., S. 17; 45, 67, 75, 93, 107, 109, 113, 161; Torsten Schliemann: Einband hinten l.; Staatliches Museum Schwerin/Lothar Steiner: S. 177; Schweriner Fernsehturm: S. 165; Störtebeker Festspiele: S. 65; Swingolf Boltenhagen/Johann Hoff: S. 9; Tauchcenter Feldberg: S. 103; Technik-Verein Pütnitz e.V.: S. 41; Tierpark Ueckermünde: S. 91; Tigerpark Dassow/Gerald Pfaff: S. 7; Vogelpark Marlow: S. 55; Götz Thomas Wenzel: S. 97; Wildpark MV: S. 131; WINSTONgolf/Christian Möller: S. 157; WONNEMAR Wismar: S. 11; Wulff Freizeitanlagenbetrieb: S. 53; Fred Zentner: S. 123; Lutz Zimmermann: Einband vorne u. r., S. 25; Zoo Rostock/Kloock/ Gohlke: S. 27; Zoo Rostock/Gohlke/Kloock: S. 29.